中国证券监督管理委员会年报 2012

China Securities Regulatory Commission Annual Report

中国证券监督管理委员会 编

中国财政经济出版社

图书在版编目（CIP）数据

中国证券监督管理委员会年报. 2012/中国证券监督管理委员会编. —北京：中国财政经济出版社，2013. 6

ISBN 978 - 7 - 5095 - 4493 - 8

Ⅰ. ①中…　Ⅱ. ①中…　Ⅲ. ①证券交易 - 金融监管 - 中国 - 2012 - 年报　Ⅳ. ①F832. 51 - 54

中国版本图书馆 CIP 数据核字（2013）第 092522 号

责任编辑：胡　懿　　　　责任校对：胡永立

封面设计：李运平　　　　版式设计：兰　波

中国财政经济出版社出版

URL：http：//www. cfeph. cn

E - mail：cfeph @ cfeph. cn

社址：北京市海淀区阜成路甲 28 号　邮政编码：100142

营销中心电话：88190406　北京财经书店电话：64033436　84041336

北京京师印务有限公司印刷　各地新华书店经销

850 × 1168 毫米　16 开　8. 25 印张　200 000 字

2013 年 6 月第 1 版　2013 年 6 月北京第 1 次印刷

定价：60. 00 元

ISBN 978 - 7 - 5095 - 4493 - 8/F · 3636

（图书出现印装问题，本社负责调换）

质量投诉电话：88190744

反盗版举报热线：88190492　88190446

主席致辞

Chairman's Message

肖钢　主席

2012年是中国全面推进实施“十二五”规划的关键一年，也是中国资本市场加大发展改革力度的重要一年。在过去的一年中，全球经济持续低迷，各国复苏进程不一，国际金融体系进一步去杠杆化。美国逐步走出金融危机的阴影，经济复苏态势确立；欧洲债务危机继续发酵，经济结构失衡问题凸显；日本多次采用量化宽松措施刺激经济，经济增长但结构性问题依旧。中国国内经济同时面临外需减弱，以及产业结构不合理、产能过剩等经济转型时期的多重压力，不确定因素增多，金融体系内部也存在一定风险隐患，亟须深化改革发展。

错综复杂的内外部环境给我国资本市场带来了诸多挑战。面对这些挑战，2012年，中国证券监督管理委员会在国务院的领导下，坚持以科学发展观为指导，立足于实际情况，实施了一系列有前瞻性、针对性的举措，推动资本市场健康发展。

紧密围绕多层次资本市场建设这一主线，在完善市场结构的同时不断提升资本市场服务实体经济的能力。股票市场方面，设立“新三板”，扩大非上市公众公司股份转让试点，牵头地方交易场所的清理整顿工作，引导区域性股权交易市场规范发展，鼓励证券公司探索建立柜台交易市场，进一步推动场外市场发展，为企业提供多层次、多样化的股权融资平台。2012 年，共有 154 家企业在 A 股市场首次公开发行股票，“新三板”新增挂牌企业 98 家。债券市场方面，中国证监会积极推动债券市场的互联互通，会同相关部委建立公司信用类债券部际协调机制，推出中小企业私募债试点，为中小企业拓宽了债券融资渠道。期货市场方面，产品结构进一步丰富，相继开发上市多个农林、工业产品和战略性期货品种，稳步推进原油期货市场建设，进一步加强期货市场的风险防控，以及与现货市场的联接。

坚持市场化导向，促进证券期货行业创新发展、增强竞争力。2012 年，中国证监会实现了多项重要制度的改革突破：新股发行核准制稳步向以信息披露为中心转变，退市制度改革初步解决了上市公司“停而不退”的问题，再融资和并购重组的审核制度得到完善。此外，中国证监会大力简政放权，减少对市场的行政干预，降低市场交易成本，以良好的政策环境激发市场主体的创新活力，为各类主体的长远发展奠定了制度基础。

加强投资者权益保护，努力改善投资者结构。中国证监会加快完善投资者适当性制度，推动证券行业调解试点工作，广泛开展投资者教育，有效加强了对中小投资者的保护。2012 年，中国证监会推出鼓励上市公司现金分红的制度措施，强化投资者回报。截至 2012 年底，沪深 300 指数成分股股息率达到 2.66%。为了进一步促进国内机构投资者的发展，改善投资者结构，中国证监会积极探索吸引长期资金投资资本市场，支持基金管理公司转型和证券期货公司创新理财服务。截至 2012 年底，专业机构投资者持有 A 股流通市值的比例已经达到 17.4%。

致力于增强监管有效性，强化市场法制建设，坚决维护资本市场的公平、公开、公正。2012 年，中国证监会积极改进监管工作的方式方法，大力加强对信息披露的监管，加大对发行人、上市公司和中介机构的监督检查，严格规范公司治理，建成统一的资本市场诚信信息数据库，为市场诚信建设夯实基础。在积极推动重要法律法规修订的同时，坚持对内幕交易、欺诈上市、虚假披露、操纵市场等违法违规行为“零容忍”，加大惩戒力度。2012 年新增案件调查 316 件，正式立案 113 起，移送公安机关

33 起，有效维护了市场秩序。

继续积极稳妥推进资本市场的对外开放，推动建设国际化程度更高、更具包容性的市场。长期以来，对外开放是中国资本市场发展的重要动力。2012 年，中国证监会继续坚持“引进来”和“走出去”相结合。一方面，降低境外合格投资者的资质条件并提高其投资便利性，提高合资证券公司外方持股比例，允许外资入股期货公司；另一方面，继续支持境内企业到境外上市，放宽内地企业赴境外直接上市条件，为中小企业特别是民营企业赴境外上市提供了便利，并支持合格境内机构投资者投资境外市场。在过去一年中，中国证监会进一步加强与港澳台证券市场的合作与联系，在《关于建立更紧密经贸关系的安排》（CEPA）和《海峡两岸经济合作框架协议》（ECFA）的框架下，进一步加大了对港澳台市场的开放力度。中国证监会还积极参加国际多边和双边监管合作，截至 2012 年底，共与 49 个国家和地区签署了 53 个监管合作备忘录。作为国际证监会组织（IOSCO）理事会的成员，中国证监会积极参与 IOSCO 的各项活动，特别是成功举办了国际证监会组织第 37 届年会，加大了对国际金融监管改革和全球经济治理改革的参与力度，提高了在国际证监会组织中的话语权。

近年来，中国资本市场经历了诸多重要的基础性制度变革和运行机制的革新，中国证监会也在资本市场的改革发展和监管实践过程中积累了宝贵经验。如今，中国经济的改革发展步入重要的战略机遇期，资本市场挑战与机遇并存。一方面，作为“新兴加转轨”的市场，中国依然面临很多长期存在的体制机制问题，市场化程度不足，行业竞争力欠缺，市场诚信水平有待提高，价值投资理念仍需推广。在国内市场表现相对低迷、国际国内经济形势日趋复杂的背景下，资本市场的改革和发展任重而道远。另一方面，近期中国宏观经济总体企稳，金融体系发展较为稳健，工业化、城镇化进程和产业的转型升级都为资本市场更好地发挥资源配置功能提供了广阔舞台；居民财富的积累和社会保障制度的改善也为资本市场的发展带来了强劲动力。

在新的阶段，中国证监会将立足于对中国资本市场及其内外部环境的深刻认识，牢牢把握十八大报告对资本市场未来发展的要求，紧紧抓住发展机遇，稳步推进改革创新，不断完善市场结构和功能，加强法制建设，提升市场的国际化程度，使之更好地服务于实体经济的需求，促进经济增长方式的转变和社会民生的改善。我们将致力于继续发展多层次资本市场，提高直接融资比重，保护投资者特别是中小投资者的利益。同时，中国证监会将继续保持与国际监管同行和国际组织的合作与交流，增进互信，加强监管合作与执法协助，为推动建立更加合理、更为稳定、更具包容性的国际金融市场和监管体系做出贡献。

中国证券监督管理委员会主席

目　录

CONTENTS

1. 中国证监会介绍

Overview of the CSRC

中国证券监督管理委员会（以下简称中国证监会）成立于1992年10月，是国务院直属正部级事业单位，2006年被批准参照公务员法管理。中国证监会依照《中华人民共和国证券法》（以下简称《证券法》）、《中华人民共和国证券投资基金法》（以下简称《证券投资基金法》）、《证券公司监督管理条例》、《期货交易管理条例》等法律法规和国务院授权，统一监督管理全国证券期货市场，维护证券期货市场秩序，保障其合法运行。

中国证监会总部设在北京，现有主席1名，副主席4名，纪委书记1名，主席助理2名；会机关内设22个职能部门①和4个直属事业单位。中国证监会在各省、自治区、直辖市和计划单列市设立36个证监局，以及上海、深圳证券监管专员办事处（图1－1为中国证监会组织架构图）。

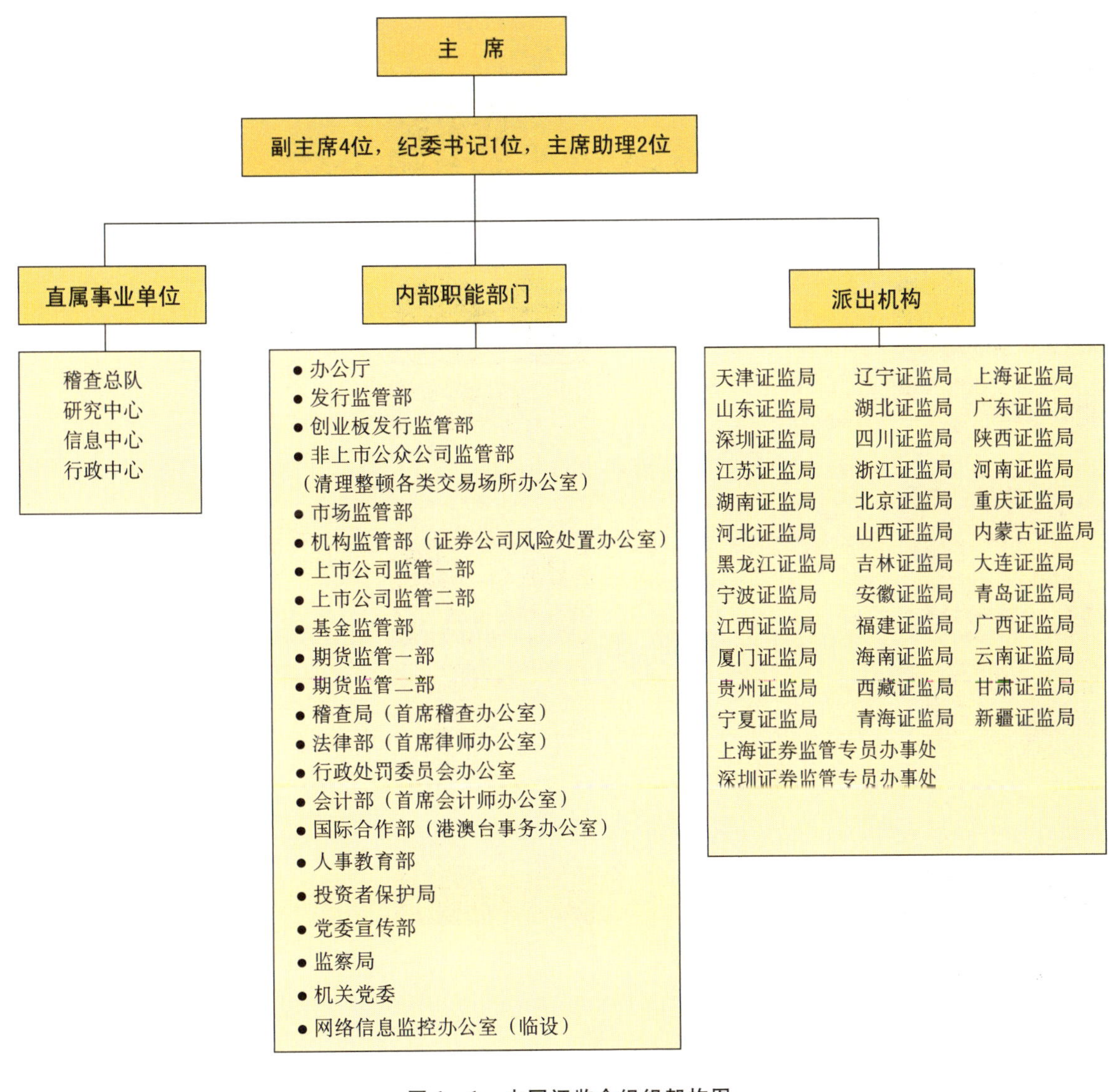

图1－1　中国证监会组织架构图

① 中国证监会内设机构的工作职责请参见中国证监会网站（www.csrc.gov.cn）。

1.1 管 理 层

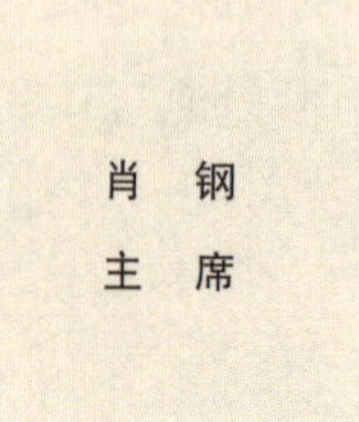

肖　钢
主　席

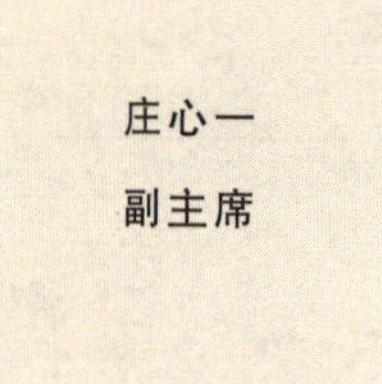

庄心一
副主席

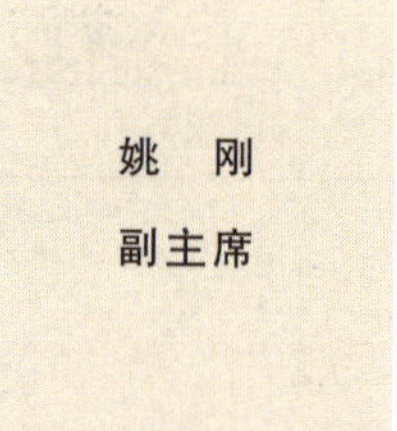

姚　刚
副主席

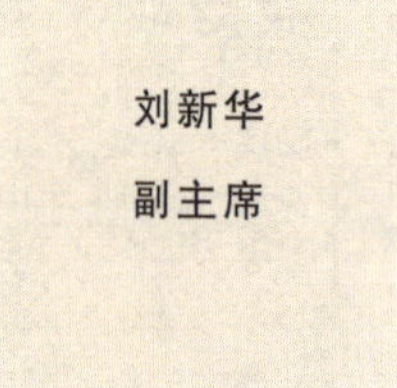

刘新华
副主席

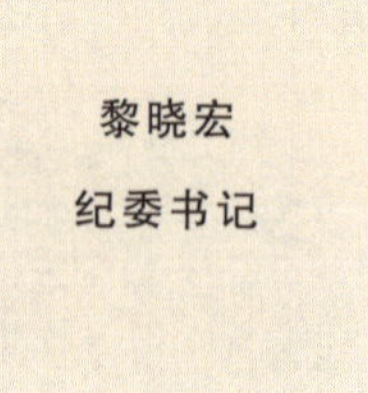

黎晓宏
纪委书记

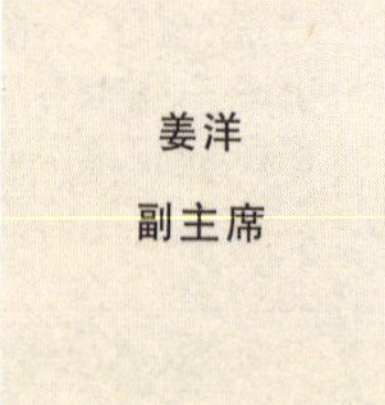

姜洋
副主席

吴利军
主席助理

张育军
主席助理

1.2 国际顾问委员会

国际顾问委员会（以下简称顾委会）是中国证监会的专家咨询机构，于2004年6月经国务院批准设立，由境内外前任金融监管官员、金融机构知名人士及专家学者担任委员。顾委会每年召开一次会议，针对中国证券期货市场的发展情况，介绍国际市场的最新动态及监管经验，为中国证监会提供咨询意见和建议，对中国证监会汲取国际经验、加强国际交流、推动资本市场的对外开放和健康发展起到了积极的促进作用。顾委会设主席、副主席各1人，现有委员22人，委员任期2年，可连任。

主席

霍华德·戴维斯（Howard DAVIES）

伦敦政治经济学院前院长、英国金融服务局前主席

副主席

史美伦（Laura M. CHA，SBS，JP）

中国证监会前副主席、香港证监会前副主席

委员（按英文姓氏首字母排列）

白泰德（Thaddeus T. BECZAK）

香港证监会前咨询委员会委员、华兴资本副主席

陈志武（Zhiwu CHEN）

耶鲁大学金融学教授、清华大学访问教授

戴立宁（Linin DAY）

台湾地区金融监督管理机构前负责人

戴彼得（Peter J. DEY）

加拿大安大略省证监会前主席、摩根士丹利加拿大公司前主席

简·迪普洛克（Jane DIPLOCK）

新西兰证监会前主席、国际证监会组织前执委会主席

威廉·唐纳德森（William DONALDSON）

美国证监会前主席、纽约证券交易所前董事长兼CEO

阿米尼奥·弗拉加（Arminio FRAGA）

巴西央行前行长、Gávea Investimentos投资公司创始人

何晶（Ching HO）

淡马锡执行董事兼CEO

张夏成（Hasung JANG）
韩国高丽大学商学院院长、金融学教授、韩国金融监督委员会顾问

鲁本·杰弗瑞（Reuben JEFFERY）
美国商品期货交易委员会前主席、美国联邦政府前副国务卿、洛克菲勒金融公司 CEO

亨利·克拉维斯（Henry R. KRAVIS）
KKR 联合主席兼联合 CEO

里奥·梅拉梅德（Leo MELAMED）
芝加哥商业交易所集团终身荣誉主席

梁定邦（Anthony F. NEOH）
中国证监会前首席顾问、香港证监会前主席

米歇尔·普拉达（Michel PRADA）
法国金融监管局前主席、国际证监会组织前执委会和技术委员会主席、国际财务报告准则基金会受托人主席

齐藤惇（Atsushi SAITO）
日本交易所集团 CEO

沈联涛（Andrew SHENG）
香港金融监管局前副总裁、香港证监会前主席

约翰·桑顿（John L. THORNTON）
高盛集团前总裁兼联合首席运营官、汇丰控股有限公司前董事、清华大学教授

约翰·威德斯沃思（John S. WADSWORTH）
摩根士丹利亚洲公司荣誉主席

王江（Jiang WANG）
MIT 斯隆管理学院金融学教授、上海交通大学上海高级金融学院院长

张为国（Weiguo ZHANG）
中国证监会前首席会计师、会计部主任、国际合作部主任，国际会计准则委员会专职委员

郑学勤（Eugene ZHENG）
芝加哥期权交易所亚洲事务董事总经理

周忠惠（Zhonghui ZHOU）
中国证监会前首席会计师、普华永道会计师事务所资深合伙人

1.3 经费来源

目前，中国证监会经费收支全部纳入国家财政预算内管理，即证券、期货市场监管费不属于中国证监会收入，而是直接上缴国库；中国证监会的经费支出则完全由预算内拨款。

1.4 人力资源

截至2012年底，中国证监会有工作人员2 891人，其中会机关777人，派出机构2 114人，占比分别为26.8%和73.2%。会机关和派出机构人员的平均年龄36.3岁。在学历结构方面，中国证监会大学本科以上学历干部占全体人员的97.5%，其中会机关硕士以上学历干部占76.1%，博士占16.4%。与证券期货监管工作相关的会计、法律、财经、计算机等专业人员占87.6%，其中会机关海外归国或具有海外学习工作经历人员84名，占会机关人数的10.8%。

1.5 法定监管职责

1.5.1 《证券法》第179条。该条款规定，中国证监会在对证券市场实施监督管理中依法履行下列职责：

- 依法制定有关证券市场监督管理的规章、规则，并依法行使审批或者核准权。
- 依法对证券的发行、上市、交易、登记、存管、结算，进行监督管理。
- 依法对证券发行人、上市公司、证券公司、证券投资基金管理公司、证券服务机构、证券交易所、证券登记结算机构的证券业务活动，进行监督管理。
- 依法制定从事证券业务人员的资格标准和行为准则，并监督实施。
- 依法监督检查证券发行、上市和交易的信息公开情况。
- 依法对证券业协会的活动进行指导和监督。
- 依法对违反证券市场监督管理法律、行政法规的行为进行查处。
- 法律、行政法规规定的其他职责。
- 国务院证券监督管理机构可以和其他国家或者地区的证券监督管理机构建立监督管理合作机制，实施跨境监督管理。

1.5.2 《证券投资基金法》第113条。该条款规定，中国证监会在对证券投资基金市场实施监督管理中依法履行下列职责：

- 制定有关证券投资基金活动监督管理的规章、规则，并行使审批、核准或者注册权。
- 办理基金备案。
- 对基金管理人、基金托管人及其他机构从事证券投资基金活动进行监督管理，对违法行为进行查处，并予以公告。

- 制定基金从业人员的资格标准和行为准则，并监督实施。
- 监督检查基金信息的披露情况。
- 指导和监督基金行业协会的活动。
- 法律、行政法规规定的其他职责。

1.5.3 《期货交易管理条例》第47条。该条款规定，中国证监会在对期货市场实施监督管理中依法履行下列职责：

- 制定有关期货市场监督管理的规章、规则，并依法行使审批权。
- 对品种的上市、交易、结算、交割等期货交易及其相关活动，进行监督管理。
- 对期货交易所、期货公司及其他期货经营机构、非期货公司结算会员、期货保证金安全存管监控机构、期货保证金存管银行、交割仓库等市场相关参与者的期货业务活动，进行监督管理。
- 制定期货从业人员的资格标准和管理办法，并监督实施。
- 监督检查期货交易的信息公开情况。
- 对期货业协会的活动进行指导和监督。
- 对违反期货市场监督管理法律、行政法规的行为进行查处。
- 开展与期货市场监督管理有关的国际交流、合作活动。
- 法律、行政法规规定的其他职责。

1.6 法定监管措施

1.6.1《证券法》第180条。该条款规定，中国证监会在对证券市场实施监督管理，履行法定职责时，有权采取以下措施：

- 对证券发行人、上市公司、证券公司、证券投资基金管理公司、证券服务机构、证券交易所、证券登记结算机构进行现场检查。
- 进入涉嫌违法行为发生场所调查取证。
- 询问当事人和与被调查事件有关的单位和个人，要求其对与被调查事件有关的事项作出说明。
- 查阅、复制与被调查事件有关的财产权登记、通讯记录等资料。
- 查阅、复制当事人和与被调查事件有关的单位和个人的证券交易记录、登记过户记录、财务会计资料及其他相关文件和资料；对可能被转移、隐匿或者毁损的文件和资料，可以予以封存。
- 查询当事人和与被调查事件有关的单位和个人的资金账户、证券账户和银行账户；对有证据证明已经或者可能转移或者隐匿违法资金、证券等涉案财产或者隐匿、伪造、毁损重要证据的，经国务院证券监督管理机构主要负责人批准，可以冻结或者查封。

- 在调查操纵证券市场、内幕交易等重大证券违法行为时，经国务院证券监督管理机构主要负责人批准，可以限制被调查事件当事人的证券买卖，但限制的期限不得超过十五个交易日；案情复杂的，可以延长十五个交易日。

1.6.2 《证券投资基金法》第114条。该条款规定，中国证监会在对证券投资基金市场实施监督管理，履行法定职责时，有权采取以下措施：

- 对基金管理人、基金托管人、基金服务机构进行现场检查，并要求其报送有关的业务资料。
- 进入涉嫌违法行为发生场所调查取证。
- 询问当事人和与被调查事件有关的单位和个人，要求其对与被调查事件有关的事项作出说明。
- 查阅、复制与被调查事件有关的财产权登记、通讯记录等资料。
- 查阅、复制当事人和与被调查事件有关的单位和个人的证券交易记录、登记过户记录、财务会计资料及其他相关文件和资料；对可能被转移、隐匿或者毁损的文件和资料，可以予以封存。
- 查询当事人和与被调查事件有关的单位和个人的资金账户、证券账户和银行账户；对有证据证明已经或者可能转移或者隐匿违法资金、证券等涉案财产或者隐匿、伪造、毁损重要证据的，经国务院证券监督管理机构主要负责人批准，可以冻结或者查封。
- 在调查操纵证券市场、内幕交易等重大证券违法行为时，经国务院证券监督管理机构主要负责人批准，可以限制被调查事件当事人的证券买卖，但限制的期限不得超过十五个交易日；案情复杂的，可以延长十五个交易日。

1.6.3 《期货交易管理条例》第48条。该条款规定，中国证监会在对期货市场实施监督管理，履行法定职责时，有权采取以下措施：

- 对期货交易所、期货公司及其他期货经营机构、非期货公司结算会员、期货保证金安全存管监控机构和交割仓库进行现场检查。
- 进入涉嫌违法行为发生场所调查取证。
- 询问当事人和与被调查事件有关的单位和个人，要求其对与被调查事件有关的事项作出说明。
- 查阅、复制与被调查事件有关的财产权登记等资料。
- 查阅、复制当事人和与被调查事件有关的单位和个人的期货交易记录、财务会计资料以及其他相关文件和资料；对可能被转移、隐匿或者毁损的文件和资料，可以予以封存。
- 查询与被调查事件有关的单位的保证金账户和银行账户。
- 在调查操纵期货交易价格、内幕交易等重大期货违法行为时，经国务院期货监督管理机构主要负责人批准，可以限制被调查事件当事人的期货交易，但限制的时间不得超过15个交易日；案情复杂的，可以延长至30个交易日。

- 法律、行政法规规定的其他措施。

1.7 证券监管架构

中国对金融业实行分业监管的模式，分别设立了中国证监会、中国银行业监督管理委员会（中国银监会）和中国保险监督管理委员会（中国保监会），依法对证券业、银行业、信托业、保险业进行监督管理。

经国务院授权，中国证监会依法对全国证券期货市场进行集中统一的监管。在该体制下，中国证监会会机关负责制定、修改和完善证券期货市场规章规则，拟定市场发展规划，办理重大审核事项，指导协调风险处置，组织查处证券期货市场重大违法违规案件，指导、检查、督促和协调系统监管工作；派出机构负责辖区内的一线监管工作。派出机构的主要职责是：第一，深入了解辖区市场情况，主动揭示风险，采取有力措施处置风险；第二，采取现场检查和非现场检查相结合的方式，做好持续监管工作，推动市场主体规范运作的基础性建设；第三，根据会机关的统一布置，依法履行稽查任务，打击证券期货市场违法违规行为，保护投资者合法权益。

证券和期货交易所、中国证券登记结算公司、中国证券投资者保护基金公司、中国证券金融公司、中国期货保证金监控中心公司、中证资本市场运行统计监测中心公司、全国中小企业股份转让系统公司、中国证券业协会、中国期货业协会、中国上市公司协会、中国证券投资基金业协会等机构对其会员（及参与人、上市公司或挂牌公司），以及证券交易活动进行一线监管和自律监管。这些一线监管和自律监管构成证券期货监管活动的有效补充。

2. 2012年中国资本市场概览

China's Capital Market in 2012

20 世纪 70 年代末期以来的中国改革开放推动了中国资本市场[①]的萌生和发展。1990 年，上海证券交易所（上交所）和深圳证券交易所（深交所）相继成立，标志着全国性资本市场的形成。在此后的 20 多年间，中国资本市场迅速发展，市场规模不断扩大，制度不断完善，证券中介机构和投资者也不断成熟，逐步成长为一个在法律制度、交易规则、监管体系等各方面与国际普遍公认原则基本相符的资本市场。

目前，中国有两家证券交易所，即上交所和深交所；三家商品期货交易所，即大连商品交易所（大商所）、上海期货交易所（上期所）和郑州商品交易所（郑商所）；还有一家金融期货交易所，即中国金融期货交易所（中金所）。中国致力于建立包括主板（含中小板）、创业板和中小企业股份转让系统在内的多层次证券市场交易体系。目前，主板市场、创业板市场和股份转让系统运行良好。

中国证券市场的有价证券品种包括股票、债券、证券投资基金、股指期货和商品期货等。其中，股票又分为人民币普通股（A 股）、境内上市外资股（B 股）和境外上市外资股（H 股）；债券又分为政府债、金融债、公司债、企业债、可转债、资产支持证券等，债券交易方式包括现券交易和回购交易。

2.1 股票市场发行

2012 年，沪深两市共发行股票和债券 602 只，合计筹资 7 610.56 亿元。其中，A 股股票发行合计筹资 4 887.79 亿元（A 股市场历年筹资额情况见图 2－1），包括现金融资 3 127.54 亿元，定向增发（非现金资产认购）1 760.25 亿元。2012 年，共有 154 家企业首次公开发行（IPO）A 股股票，合计筹资 1 034.31 亿元，主板、中小板、创业板分别有 25 家、55 家、74 家首次公开发行，筹资额（以人民币计）分别为 333.57 亿元、349.25 亿元、351.49 亿元（2012 年各交易所以美元计的 IPO 筹资额见图 2－2）；定向增发（现金认购）合计筹资 1 867.49 亿元；公开增发合计筹资 104.74 亿元；配股合计筹资 121 亿元；发行债券 272 只，合计筹资 2 722.77 亿元。其中，可转债 4 只，筹资 157.05 亿元；公司债 181 只，筹资 2 471.97 亿元；中小企业私募债 87 只，筹资 93.75 亿元。

① 本年报不含香港、澳门和台湾地区的证券市场情况。

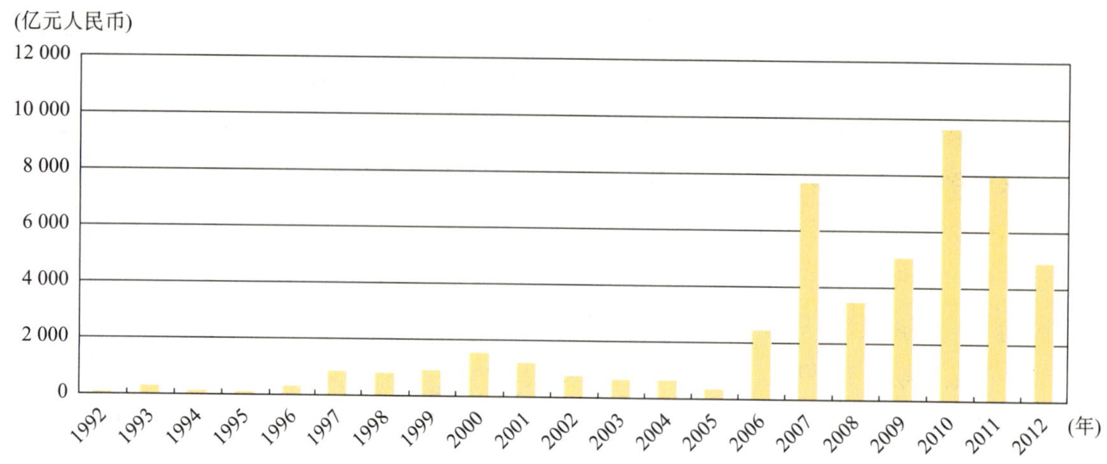

图 2－1　1992～2012 年 A 股市场历年筹资额情况

注：1. 此处 A 股筹资额指通过 IPO、增发（公开增发、定向增发现金及资产认购）、配股、权证行权等方式发行 A 股筹集的资金。

2. 数据来源：中国证监会。

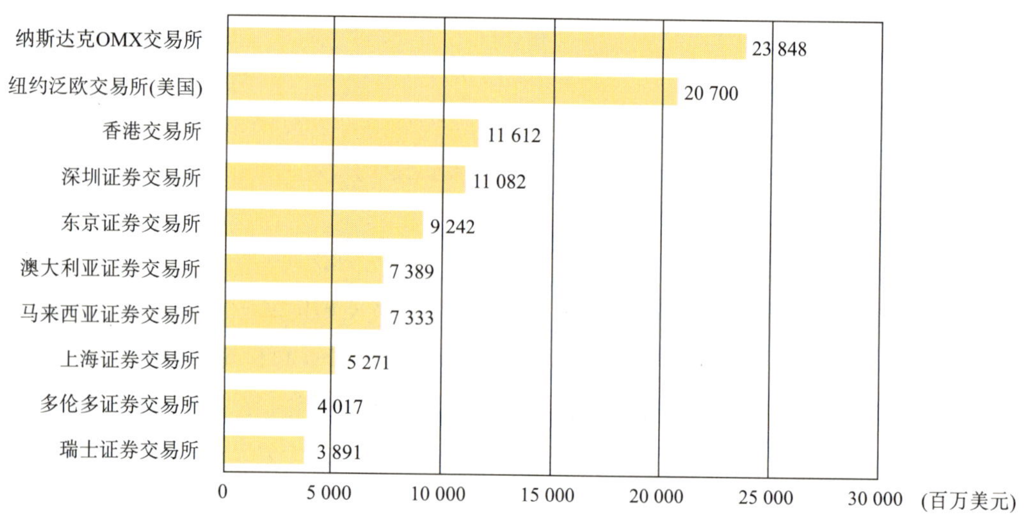

图 2－2　2012 年各交易所 IPO 筹资额

注：1. 此处 IPO 筹资额按上市日口径计算。

2. 数据来源：世界交易所联合会。

2.2　股票市场交易

2012 年，中国股市行情波动较大。1 月份至 5 月份，上证综指和深证综指累计分别上涨 7.86% 和 11.65%；6 月份至 11 月份，上证综指和深证综指累计下跌分别为 16.53% 和 22.19%；12 月份，股市止跌回升，上证综指和深证综指分别上涨 14.60% 和 17.05%。沪深 300 指数开盘

2 361.50 点，收盘 2 522.95 点，较 2011 年底上涨 7.55%[①]（见图 2－3）；上证综指开盘 2 212.00 点，收盘 2 269.13 点，较 2011 年底上涨 3.17%；深证综指开盘 871.93 点，收盘 881.17 点，较 2011 年底上涨 1.67%；创业板指数开盘 734.74 点，收盘 713.86 点，较 2011 年底下跌 2.14%。2012 年，沪深两市股票总成交金额及日均成交金额分别为 314 667.41 亿元和 1 294.93 亿元，较 2011 年分别下降 25.37% 和 25.06%（2012 年各交易所股票交易额见图 2－4）。2012 年股票交易印花税 314.68 亿元，较 2011 年减少 25.37%。

图 2－3 2012 年沪深 300 指数走势图

数据来源：Wind 资讯。

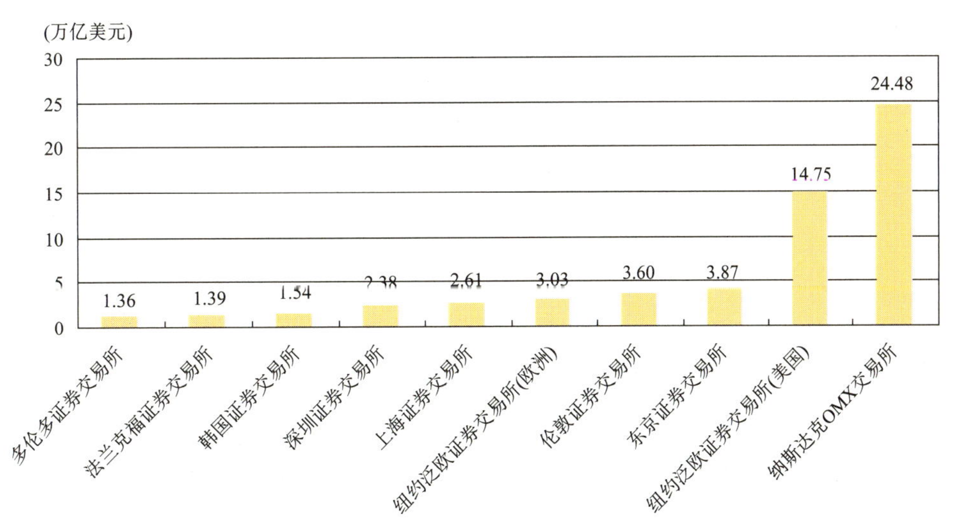

图 2－4 2012 年各交易所股票交易额

数据来源：世界交易所联合会。

① 本书涉及的指数变化幅度均按照中国证监会发布的《证券期货业统计指标标准指引》中所规定的方法计算。

2012 年，中国上市公司数量稳步增长。截至 2012 年底，沪深两市上市公司 2 494 家（见图 2－5），比 2011 年底增加 152 家[①]。其中，主板 1 438 家，比 2011 年底增加 23 家；中小板 701 家，比 2011 年底增加 55 家；创业板 355 家，比 2011 年底增加 74 家。沪深两市总市值 23.04 万亿元，流通市值 18.17 万亿元，分别比 2011 年底增加 7.28% 和 10.15%；总市值占当年国内生产总值的 44.36%（见图 2－6 至图 2－7）。中国股市总市值位居全球第二位，仅次于美国；流通市值占总市值 78.86%，比 2011 年底上升了 2.07 个百分点。其中，中小板总市值 28 804.03 亿元，流通市值 16 244.15 亿元；创业板总市值 8 731.20 亿元，流通市值 3 335.29 亿元。

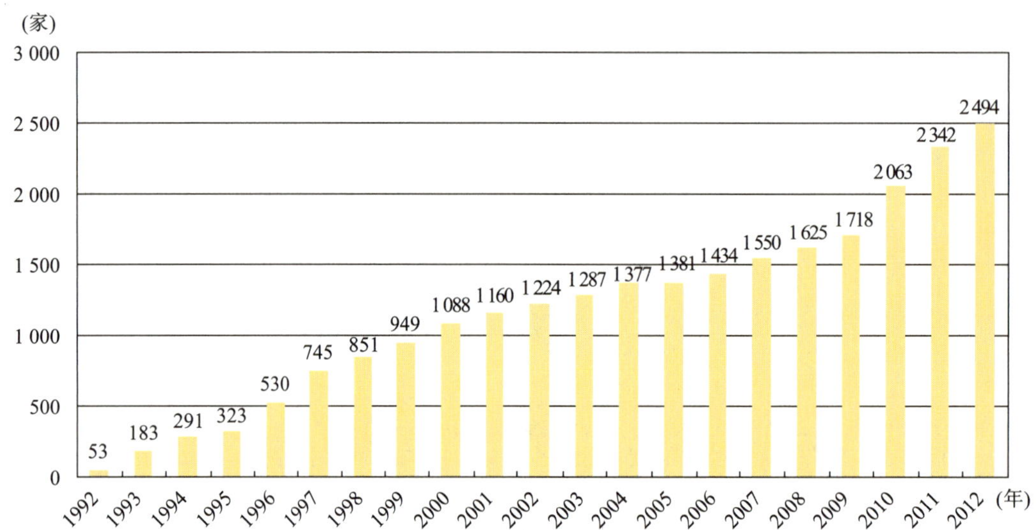

图 2－5　1992～2012 年中国境内上市公司家数年度变化

数据来源：中国证监会。

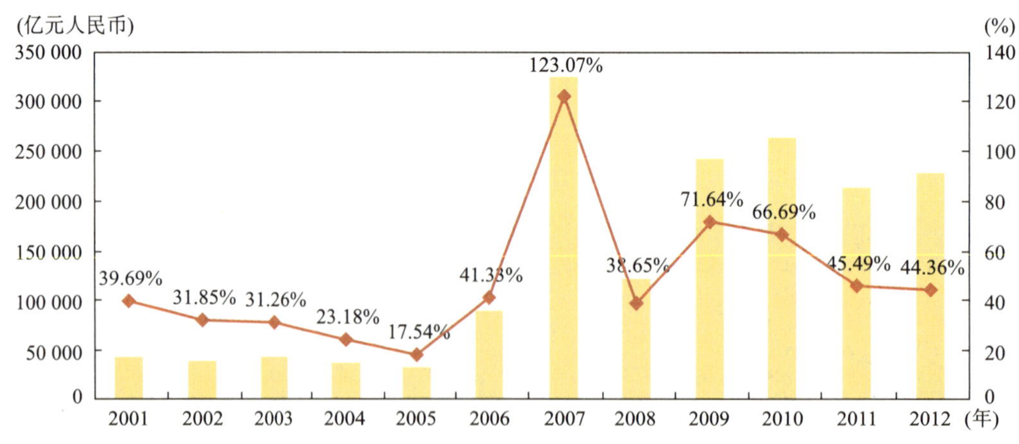

图 2－6　2001～2012 年股票市值及其与 GDP 的比值变化

数据来源：中国证监会。

① 2012 年，两家上市公司从 A 股市场退市。

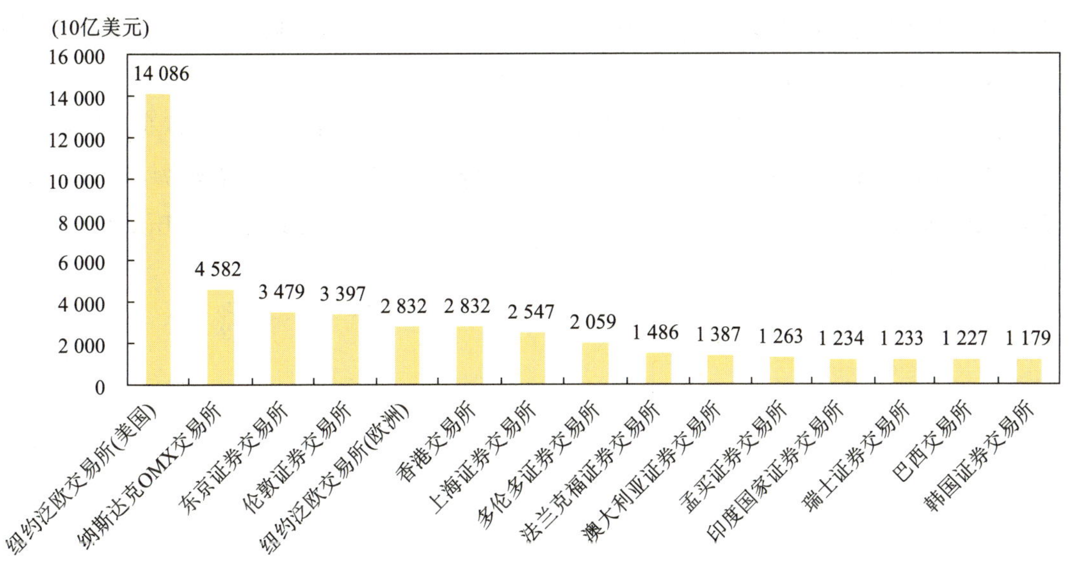

图 2-7　2012 年底各交易所股票市值

数据来源：世界交易所联合会。

2.3　交易所债券市场交易

中国债券交易市场主要由银行间债券市场、证券交易所债券市场和商业银行柜台市场组成。2012 年，交易所债券市场现货成交金额 9 875.55 亿元（各债券品种成交金额见表 2-1），同比增长 43.63%；回购成交金额 39.36 万亿元，同比增长 87.84%。

表 2-1　　2012 年交易所各债券品种现货成交金额

现货成交（亿元）			
债券类型	2012 年	2011 年	增减幅（%）
政府债	914.17	1 286.53	-28.94
企业债	2 970.11	1 538.91	93.00
公司债	3 155.10	1 303.81	141.99
可分离债	498.11	528.29	-5.71
可转债	2 275.31	2 217.95	2.59
中小企业私募债	62.75	—	—
现货合计	9 875.55	6 875.49	43.63

数据来源：上交所、深交所。

截至 2012 年底，交易所债券市场现货交易品种 1 170 只，较 2011 年底增加 530 只。其中，国债 122 只，地方政府债 3 只，企业债 554 只，公司债 365 只，可转债 23 只，可分离债 16 只，中小企业私募债87只。债券现货托管面值12 456亿元，较2011年底增加4 028亿元；债券现货托管市值11 882亿元，较2011年底增加3 630亿元。

2012年，上证国债指数从131.39点上涨至135.79点，较2011年底上涨4.40点，涨幅3.35%。上证企业债指数从148.48点上涨至159.60点，较2011年底上涨11.12点，涨幅7.49%。深证企业债指数从125.29点上涨至127.25点，较2011年底上涨1.96点，涨幅1.57%（2012年上证国债指数和上证企业债指数走势图见图2－8）。

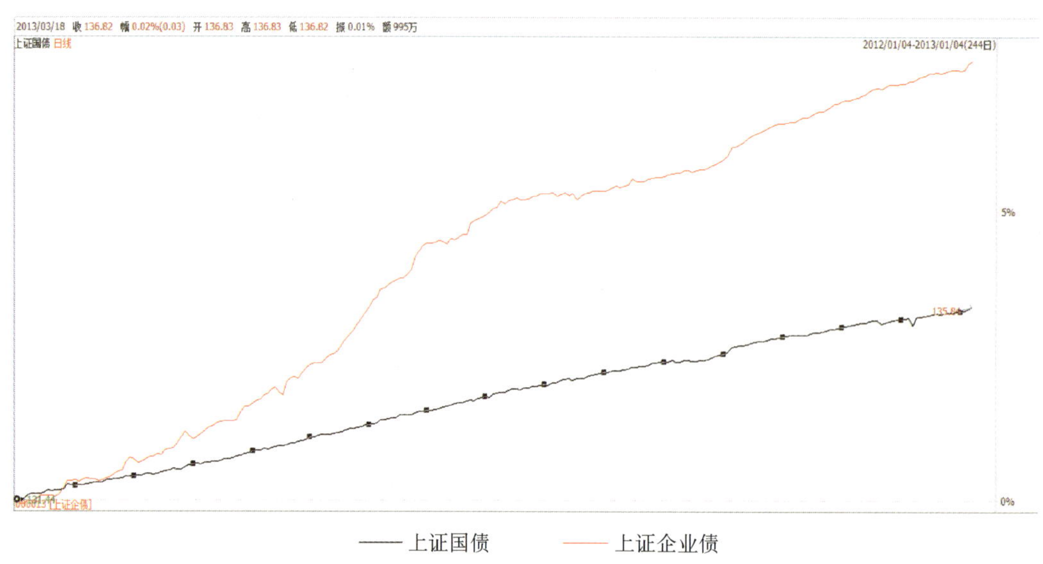

图2－8　2012年上证国债指数和上证企业债指数走势图

数据来源：Wind资讯。

2.4　期货市场交易

截至2012年底，我国共有31个期货品种，其中商品期货品种30个，金融期货品种1个，期货市场品种体系更加完善（见表2－2）。

表2－2　各期货交易所交易品种

交易所	交易品种
上海期货交易所	铜、铝、锌、铅、黄金、天然橡胶、燃料油、螺纹钢、线材、白银
郑州商品交易所	普麦、强麦、棉花、白糖、菜籽油、PTA、早籼稻、甲醇、玻璃、油菜籽、菜籽粕
大连商品交易所	黄大豆1号、黄大豆2号、玉米、豆粕、豆油、线型低密度聚乙烯、棕榈油、聚氯乙烯、焦炭
中国金融期货交易所	沪深300股票指数期货

2012 年，期货市场发展态势良好，运行质量和效率不断提升，市场功能进一步发挥。全年期货市场（以下数据为单边计算）共成交 14.51 亿手，同比增长 37.61%；成交金额 171.13 万亿元，同比增长 24.44%（见图 2－9）。其中，商品期货成交量连续多年居世界前列，其成交量、成交金额分别为 13.45 亿手和 95.29 亿元，同比分别增长 34.05% 和 1.64%；股指期货成交量、成交金额分别为 1.05 亿手和 75.84 万亿元，同比分别增长 108.41% 和 73.29%。

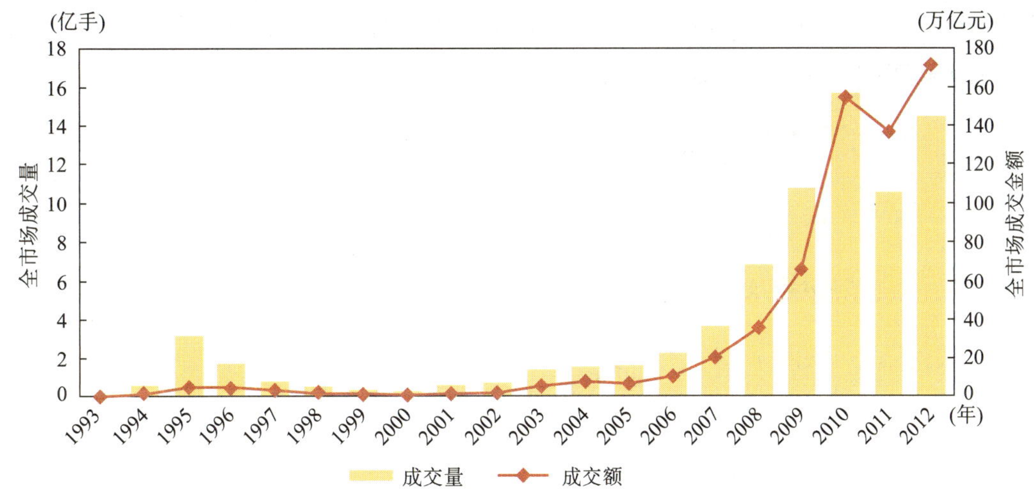

图 2－9　1993～2012 年期货市场成交金额和成交量走势

数据来源：中国证监会。

2.5　机构投资者

近年来，证券投资者数量快速增加，中国资本市场逐渐成为全社会重要的财富管理平台。截至 2012 年底，基金投资者开户数达 22 717.42 万户，较 2011 年底增加 1 080.87 万户或 5%，其中机构开户数 40.68 万户，个人开户数 22 676.74 万户。

中国证监会把大力发展机构投资者作为改革和发展中国资本市场的战略举措。近年来，随着中国资本市场的不断发展壮大，已经形成了以证券投资基金为主导，以社保基金、保险资金、企业年金、合格境外机构投资者（QFII）、证券公司资金（包括证券公司自营资金以及集合理财资金）等为补充的机构投资者格局。

2.5.1　证券投资基金

截至 2012 年底，全国共有基金管理公司 77 家，管理证券投资基金 1 173 只，基金资产净值总额 2.87 万亿元，较 2011 年底增加 6 743.26 亿元或 30.77%；其中，货币市场基金和债券基金资产净值占基金资产净值总额的 33.12%。2012 年底，证券投资基金持股市值为 1.35 万亿元，占沪深流通市值的7.59%。

2.5.2 合格境外机构投资者（QFII）

截至2012年底，已有207家境外机构获得QFII资格，获批投资额度374.43亿美元，分别较2011年底增加72家和158.03亿美元，即分别增长53.33%和73.01%；QFII总资产3 305亿元，其中证券资产3 011.2亿元，占总资产的91.11%，QFII持股市值约占中国A股流通市值的1.4%（不同性质QFII机构分类见图2－10）。

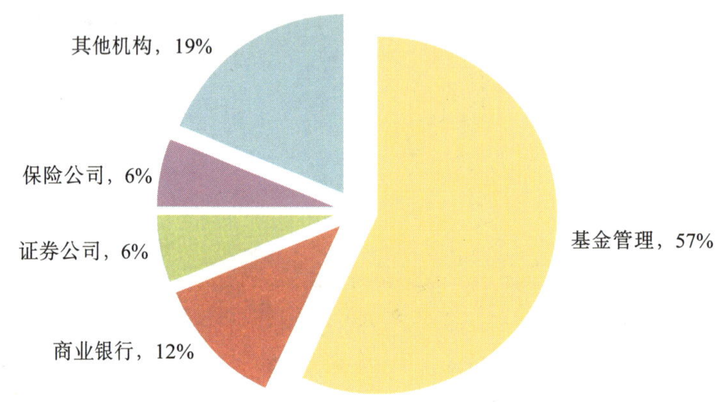

图2－10 不同性质QFII机构分类

数据来源：中国证监会。

2.6 中介服务机构

随着中国资本市场的不断发展和近年来各项监管措施的推行，市场中介机构的资本实力和经营水平有了显著提高。

截至2012年底，中国境内共有证券公司114家，总资产17 159亿元，净资产6 943亿元，净资本4 971亿元；2012年全年累计营业收入1 295亿元，累计净利润329亿元。

截至2012年底，全国共有161家期货公司，总资产505.53亿元（不含客户资产），净资产456.84亿元，净资本418.10亿元，同比分别增长25.68%、27.32%、27.16%；全国期货公司2012年全年累计实现净利润35.74亿元，同比增长约60%。

在证券服务机构方面，投资咨询机构、财务顾问机构、资信评级机构、会计师事务所、资产评估机构等证券服务机构在提供证券服务前，须从中国证监会获得从业许可，与律师事务所一起各司其职，为中国证券市场的顺利运转提供各种服务。截至2012年底，中国境内共有证券投资咨询机构89家，证券评级机构6家①。

① 本书中证券公司、期货公司财务数据均未经审计。

3. 2012年重大监管政策和措施

Major Policies & Initiatives in 2012

过去一年，全球经济复苏缓慢，金融形势错综复杂，国内经济运行相对平稳，但不确定因素也有所增加。中国证监会坚持以科学发展观为指导，立足于市场实际情况，大力推进改革创新和对外开放，进一步优化市场结构，规范市场秩序，加大投资者保护力度。总体而言，证券期货市场保持了健康的运行态势。作为各种要素市场的基础，资本市场合理配置资源、服务经济转型的功能得到了较好发挥。

3.1　加快多层次资本市场建设，提高服务实体经济能力

3.1.1　推动“新三板”设立和扩容，完善对非上市公众公司的监管

设立“新三板”，扩大非上市公司股份转让试点。2012 年 8 月，经国务院批准，扩大非上市公司股份转让试点工作正式启动，试点园区除北京中关村园区外，新增天津滨海、上海张江、武汉东湖三个国家级高新技术开发区。中国证监会按照“总体规划，分步推进，稳妥实施”的原则，设立全国中小企业股份转让系统（又称“新三板”），为试点园区的非上市股份公司提供股份报价转让等服务。中国证监会已与北京、天津、上海、湖北四省市政府签署了合作备忘录。2012 年 9 月，全国中小企业股份转让系统有限责任公司正式登记成立，首批扩大试点的企业实现挂牌。截至 2012 年底，先后有 207 家园区公司在新三板挂牌，其中已有 7 家实现在中小板或创业板上市。扩大试点工作的启动，是推进全国性场外市场建设的重要步骤，标志着非上市公司股份转让试点开始从北京中关村园区走向全国。

规范对非上市公众公司的监管。为了加大对中小企业等薄弱领域的金融支持，深化资本市场服务实体经济的功能，加强对暂不具备公开发行上市条件的成长型、创新型中小企业和小微企业的服务，为民间资本创造更有利的投资环境，根据《公司法》、《证券法》及相关法律法规，2012 年 9 月，中国证监会正式发布《非上市公众公司监督管理办法》，并于 2013 年 1 月 1 日起施行。该办法确定了非上市公众公司的范围，提出了公司治理和信息披露的基本要求，明确了公开转让、定向转让、定向发行的申请程序。这一文件的出台标志着非上市公众公司监管纳入法制轨道。

3.1.2　引导和推动其他场外市场规范发展

牵头组织和督导地方交易场所清理整顿工作。根据国务院的要求，中国证监会作为清理整顿工作的牵头部门，积极履行工作职责，牵头建立了联席会议工作机制，对地方交易所开展摸底调研，制定清理整顿的实施细则，加强督促协调，及时提供政策指导和服务；同时，加强对重点地区的专项督导，把握舆情动态，配合公安机关的立案调查，开展检查验收工作。截至 2012 年底，已有 8 省区市通过联席会议的检查验收。

中国证监会主席　肖钢

引导区域性股权交易市场规范发展。推动区域性股权交易市场规范健康发展，更好地为企业，特别是中小微企业提供股权交易和融资服务，对繁荣地方实体经济，防范金融风险，维护市场秩序和社会稳定具有积极意义。2012 年 8 月，中国证监会发布《关于规范证券公司参与区域性股权交易市场的指导意见（试行）》，明确了股权交易市场是为市场所在地省级行政区域内的企业，特别是中小微企业提供股权、债券的转让和融资服务的私募市场，由省级人民政府负责监管。完成交易场所清理整顿工作的省区市可以在“统筹规划、合理布局、审慎审批”的原则下设立新的股权交易场所。中国证监会也鼓励证券公司通过投资入股、提供会员服务等方式参与地区股权交易市场的建设和发展。

鼓励证券公司探索建立柜台交易市场。2012 年 8 月，中国证监会发布《关于推动证券公司改革开放、创新发展的思路与措施》，明确“允许证券公司探索面向自己客户的柜台交易市场”。2012 年 12 月，中国证券业协会（简称“中证协”）发布《证券公司柜台交易业务规范》，正式启动柜台市场试点工作。证券公司柜台市场定位于私募市场，是集证券公司交易、托管结算、支付、融资和投资等基础功能为一体的综合平台，注重投资者适当性管理，并且借鉴发达市场经验，遵循“证监会指导、协会自律管理、市场监测中心监测”的基本思路，强化证券公司自主经营、自担风险的特征。截至 2012 年底，已有海通证券、国泰君安证券、国信证券、申银万国证券、中信建投证券、广发证券、兴业证券等 7 家公司获得试点资格。

3.1.3　支持重点产业相关企业及西部企业上市融资，推动科技与资本对接

支持文化创意、高科技、现代服务业和“三农”相关企业发行上市。2012 年全年，共有人民网等 3 家文化创意企业在主板和中小板首发上市，合计融资 47.2 亿元；百洋股份等 6 家农业企业首发上市，合计融资 409.5 亿元；安洁科技等 27 家高科技企业首发上市，合计融资 175.44 亿元；华贸物流等 11 家包括金融、物流、传媒等行业的现代服务业公司首发上市，合计融资 120.75 亿元。

在首次公开发行和并购重组审核中优先安排西部地区企业。为深入贯彻落实国家西部大开发战略、支持西部地区经济社会发展，改进发行审核工作服务，中国证监会对西部企业申请首次公开发行股票和并购重组实行优先审核。2012 年，西部地区新增 15 家企业上市（含主板、中小

板、创业板），筹集资金 132 亿元；8 家上市公司实施并购重组，交易金额 198.43 亿元。

推动科技成果出资入股确认股权。2012 年 11 月，中国证监会联合科技部发布《关于支持科技成果出资入股确认股权的指导意见》，进一步放松了有关科技成果出资入股确认股权的行政管制；另外，中国证监会积极研究制定《上市公司员工持股计划管理暂行办法》，上述规则支持科技成果和科技人才分享企业权益，有助于建立促进中小企业创新发展的长效机制。

3.1.4 促进债券市场互联互通，改进公司债券的发行管理

建立公司信用类债券部际协调机制，推动债券市场规范统一。2012 年 3 月，经国务院批准，中国人民银行、国家发展和改革委员会（简称发改委）和中国证监会成立公司信用类债券部际协调机制，在坚持市场化导向，服务实体经济，放松行政管制、弱化乃至取消行政审批，推动跨市场监管，推动公司信用类债券相关法律法规制度的修改等方面达成广泛共识。中国证监会正在推动监管制度协调，深化银行间债券市场与交易所债券市场互联互通，探索建立跨市场执法机制。

改进公司债券发行管理制度。2012 年，中国证监会继续完善公司债券发行审核流程，提升债券发行审核效率，组织交易所举办多期公司债券融资培训活动，提升上市公司债券融资的意识；同时，对 2007 年以来的公司债券发行试点情况进行了系统总结，从弱化行政审批，丰富发行与交易方式，强化市场约束等角度，对《公司债券发行试点办法》进行了全面修订。

推动创业板上市公司非公债的发行。为多渠道破解中小企业融资难题，完善创业板投融资产品结构，中国证监会积极推进创业板上市公司非公开发行公司债券工作。截至 2012 年底，共受理 15 家企业非公开发行公司债券的申报，其中有 5 家已完成发行工作，合计募集资金 15.5 亿元。

3.2 推进重点领域改革，优化资本市场结构

3.2.1 深入推进新股发行制度改革

多年来，中国证监会一直坚持推动新股发行体制的市场化改革方向。2012 年 4 月，中国证监会发布《关于进一步深化新股发行体制改革的指导意见》，拉开了我国证券市场新一轮新股发行体制改革的序幕。此次改革体现了以信息披露为中心的监管理念，厘清了发行过程中相关主体的责任，加强了对发行定价的监管，增加了流通股数量，进一步强化了资本约束、诚信约束和市场约束机制。截至 2012 年底，改革已经取得积极的阶段性成果，新股高溢价发行状况有了明显改善，非理性炒作之风有所收敛，市场估值结构趋于好转。2012 年新股平均发行价、平均市盈率同比分别下降 28% 和 36%。2012 年底，沪深 300 指数市盈率为 11.76 倍，低于发达国家主要股指平均估值水平。

3.2.2 积极稳妥推进退市制度改革

中国证监会副主席 庄心一

退市制度改革是资本市场改革的战略重点，中国证监会致力于形成有利于风险化解和投资者保护的上市公司退市制度，积极稳妥推进改革。2012年4月，中国证监会向上交所、深交所下发了《关于改进和完善上市公司退市制度的意见》。2012年7月，两家交易所发布修订后的《股票上市规则》，为逐步实现退市工作市场化、常态化奠定了规则基础。同年12月，两家交易所制定了退市公司重新上市、退市整理期等配套业务规则。此外，新的创业板退市制度自2012年5月起实施。退市制度改革的系列措施，解决了一些上市公司长期“停而不退”的难题，保护了投资者的合法权益，促进了资本市场的健康稳定发展。

3.2.3 推进并购重组市场化改革

中国证监会以市场化为导向简化并购重组行政审批，积极推进审核工作的标准化、流程化和公开化，取消了上市公司股份回购核准及四项收购豁免的行政许可，并每周公布审核进展情况，持续提高监管透明度和审核效率。目前约70%的上市公司并购重组事项已无需中国证监会审核。2012年中国证监会共审结并购重组行政许可申请228单，核准重大资产重组事项的交易金额达2 267.23亿元。

此外，为深入推进内幕交易防控工作，2012年11月，中国证监会发布了《关于加强与上市公司重大资产重组相关股票异常交易监管的暂行规定》，建立了稽查与并购重组审核的监管衔接机制。

3.3 强化投资者回报，健全投资者保护机制

3.3.1 鼓励上市公司现金分红

2012年5月，中国证监会发布了《关于进一步落实上市公司现金分红有关事项的通知》，在

充分尊重公司自治的基础上，引导上市公司建立持续、清晰、透明的现金分红政策和决策机制，加大对未按承诺比例分红、长期不履行分红义务公司的监管约束，推动上市公司不断完善投资者回报机制；同时，加大新闻宣传和舆论引导力度，切实强化上市公司回报股东意识。2012 年度，沪深两市全年实际现金分红金额为 4 772.28 亿元，比上年增长 22.34%。截至 2012 年底，沪深 300 和上证 180 指数成分股的股息率分别达到 2.66% 和 2.91%。

3.3.2 推动出台上市公司股息红利税收优惠政策

为鼓励长期投资，抑制短线炒作，促进资本市场长期健康发展，2012 年 11 月，中国证监会会同财政部、国家税务总局发布《关于实施上市公司股息红利按持有期限差别化征收个人所得税政策有关问题的通知》，对个人从公开发行和转让市场取得的上市公司股票，持股期限在 1 个月以上至 1 年（含 1 年）的，其股息红利所得额暂减按 50% 计入应纳税所得额；持股期限超过 1 年的，暂减按 25% 计入应纳税所得额。

3.3.3 鼓励上市公司增持回购

为鼓励大股东增持股份、完善资本市场内生稳定机制，2012 年 2 月，中国证监会发布了《关于修改〈上市公司收购管理办法〉第六十二条及第六十三条的决定》，明确了持有 30% 以上股份的股东每年自由增持股份的锁定期及信息披露时点、明确了“收购人承诺 3 年内不转让其拥有权益的股份”的定义。该决定简化了并购重组行政许可程序，促进了上市公司和投资者之间资本的双向流动。

3.3.4 加快投资者保护相关基础制度建设，深入开展投资者教育与服务工作

与投资者直面交流，拓展投资者教育的深度和广度。2012 年，中国证监会组织召开了多次投资者座谈会和市场机构座谈会，对投资者关注的共性、热点问题进行集中答复，在中国证监会网站设立专门的“投资者保护”频道，逐步建立起与投资者直接交流沟通的机制与平台。此外，继续加强投资者教育工作，引导投资者理性投资。组织开展集中宣传活动，督促市场经营主体自发自觉地服务和主动回报投资者，进一步推动投资者教育纳入国民教育体系。

推动证券行业调解试点工作。中国证监会指导中证协成立了“证券调解专业委员会”和“证券纠纷调解中心”，制定并颁布了相关制度，建立了由中证协主导的证券纠纷调解机制。该机制对投资者不收取任何费用，投资者可以通过在线平台申请调解与证券经营机构之间的证券纠纷，申请方式方便快捷，为投资者提供了高效、经济的纠纷解决途径。

成立投资者服务办公室，推进投资者热线转办系统建设。中国证监会在投资者保护局内设立了“投资者服务办公室”，负责组织中国证监会“投资者服务热线系统”的投资者投诉处理工作，监测投资者动态，汇总分析投资者诉求信息，定期发布报告，研究开展对投资者的法律支持等，延伸投资者服务工作的触角。

探索由专业机构通过持股方式行使和代理行使股东权利。中国证监会探索支持专门机构持有上市公司股票参与公司治理、代表或代理中小投资者开展维权诉讼等活动，以市场化和法治化手段约束上市公司平等对待全体股东，引导中小投资者积极行使权利，提高中小投资者在市场博弈中的地位。

跟踪关注投资者适当性制度。中国证监会积极开展投资者适当性制度研究，系统梳理了相关工作成果，对目前我国投资者适当性制度实施中存在的主要问题进行了初步分析，并提出了相应的工作建议。

3.4 加强信息披露，规范公司治理

3.4.1 完善上市公司信息披露规则

为提高上市公司透明度，增强上市公司年报披露的针对性和有效性，2012 年 9 月，中国证监会发布了修订后的《公开发行证券的公司信息披露内容与格式准则第 2 号——年度报告的内容与格式》，大幅缩减了年报摘要篇幅，简化了年报信息披露内容，增加了非财务信息披露和自愿披露内容，鼓励差异化披露。为增强信息披露监管的可操作性，中国证监会先后发布了上市公司监管指引第 1、2 号，进一步明确了上市公司实施重大资产重组后存在未弥补亏损情形、募集资金的管理和使用的相关信息披露要求。

创业板方面，在以投资者需求为导向的指导原则下，中国证监会积极探索更符合创业板上市公司特点的信息披露制度安排，推进披露内容和形式创新，为投资者提供更为有效的信息，同时降低公司披露成本。2012 年 12 月，中国证监会发布了修订后的《公开发行证券的公司信息披露内容与格式准则第 30 号——创业板上市公司年度报告的内容与格式》。新的披露准则强化年报全文披露要求，简化年报摘要，着重披露公司财务状况和经营状况。针对创业板部分行业模式较为特殊的情况，中国证监会联合交易所制定了特殊行业信息披露指引。

3.4.2 提高 IPO 公司财务信息披露质量

2012 年 5 月，中国证监会向社会公布《关于进一步提高首次公开发行股票公司财务信息披露质量有关问题的意见》，明确了发行人、会计师事务所和保荐机构在首次公开发行股票公司财务信息披露工作中的相关责任，针对当前存在的突出问题对各方主体提出了具体工作要求，进一步完善和落实了责任追究机制。中国证监会将继续加强对财务信息披露违法违规行为的监管，对于发行人的财务造假、利润操纵等重大违法违规行为，坚决予以查处，并对负有责任的相关中介机构和人员予以惩处。

3.4.3 启动 IPO 财务报告专项检查工作

为切实推进以信息披露为中心的新股发行体制改革工作，确保首次公开发行公司财务会计信息披露质量，督促中介机构勤勉尽责，审慎执业，2012 年 12 月，中国证监会启动了 IPO 在审企业财务专项检查工作，要求保荐机构、会计师事务所对首次公开发行公司报告期财务会计信息开展全面自查，并提交自查报告。

中国证监会副主席　姚刚

3.4.4 加大对上市公司和中介机构的监督检查

加大对上市公司的监督检查力度。2012 年，中国证监会派出机构对 110 家上市公司进行了全面现场检查，对 1 036 家上市公司进行了专项检查；通过检查发现上市公司问题 3 868 个，相关中介机构执业质量问题 1 437 个，并督促上市公司完成了 2 707 个问题的整改，整改率达 70%。另外，创业板自 2012 年 4 月起试行派出机构现场核实及非现场问核相结合的监管新模式，提升了检查效率。通过加大对上市公司的监督检查，上市公司的规范运作水平得到了提升。

加大对保荐机构和保荐代表人的惩处力度。中国证监会狠抓监管执法，对保荐机构和保荐代表人的惩处力度不断加大。2012 年，累计对 5 家保荐机构出具警示函，对 1 家保荐机构进行监管谈话，对 6 名保荐代表人出具警示函，对 8 名保荐代表人进行监管谈话，对 8 名保荐代表人采取 3 个月暂不受理与行政许可有关文件的监管措施，对 26 人采取了内部批评提醒。

加强对证券资格会计师事务所与资产评估机构的检查。中国证监会不断增强检查的针对性，加大对审计与评估机构的内部治理、质量控制和具体项目执业质量的检查，加强与财政部、中国注册会计师协会等相关部门的监管协调，督促各证券资格会计师事务所和资产评估机构提高执业水平。2012 年，中国证监会共对 6 家会计师事务所、4 家资产评估机构开展了全面检查；对 8 个审计项目和 2 个评估项目开展了专项检查，有力促进了审计与评估机构加强内部管理、提高执业质量、增强风险意识，更好地服务中国资本市场。

3.4.5 加强会计准则执行和财务信息披露监管

会计信息是资本市场的基础性信息，高质量的会计信息能够提升资本市场的资源配置效率，增强投资者信心。2012 年，证监会进一步完善财务信息披露规范体系，推动内部控制建设，提高资本市场财务信息披露质量。一是扎实推进上市公司年度财务报告分析审核工作，形成《2011 年上市公司执行企业会计准则监管报告》。二是结合资本市场实际，调整确定了主板上市公司分类分批推进实施内部控制规范体系的工作方案，推动资本市场内控建设和实施工作。三是利用国际证监会组织、中欧会计监管研讨会等平台，积极参与国际会计、审计准则和信息披露规范的规定，提升会计审计相关规则制定的话语权。

中国证监会副主席　刘新华

3.4.6 加强公司治理，研究员工持股计划

中国证监会一直致力于推动上市公司完善治理结构，增强透明度，提高规范运作水平。2012 年，中国证监会继续会同财政部等部委完善上市公司内部控制制度建设，并会同国资监管部门推动国有控股股东及其下属上市公司解决同业竞争、规范关联交易。此外，为了规范、引导上市公司实施员工持股计划及其相关活动，中国证监会于 2012 年 8 月草拟了《上市公司员工持股计划管理暂行办法（征求意见稿）》，明确了员工持股计划的原则、资金及股票来源、决策程序、管理模式、信息披露要求及防范内幕交易等相关规定。

3.4.7 防控内幕交易，规范关联交易

加强防控内幕交易。中国证监会继续完善内幕交易综合防控体系，与公安部、监察部、国有资产监督管理委员会（简称国资委）、国家预防腐败局加强合作，在各省（市）初步建立起“齐抓共管、多管齐下、群防联控、打防结合”的内幕交易综合防控机制。全年共受理内幕交易线索 189 起，其中启动初步调查 87 起，立案调查案件 70 起，向公安机关移送涉嫌犯罪案件 24 起。打击内幕交易成效初步显现，多起要案的司法判决有力震慑了违法违规者。并购重组相关的内幕交易案件数量明显下降，往年占内幕交易案件总数比率超过 70%，2012 年下降至 23%。2012 年，中国证监会办结的内幕交易案件中，国有控股企业占比由 2011 年的 51% 下降至 28%。

严格规范关联交易。中国证监会根据《公司法》、《证券法》及相关规定，要求上市公司在履行关联交易的决策程序时严格执行关联方回避制度，并履行相应的信息披露义务，保证关联交易的公允性和交易行为的透明度。2012 年，中国证监会进一步健全机制，充分发挥独立董事在关联交易决策和信息披露程序中的作用，加大对利用关联交易侵占上市公司利益、强迫上市公司

接受非公允关联交易等行为的监管力度，对因非公允关联交易造成上市公司利益损失的，依法追究上市公司有关人员的责任。

3.5 发展国内机构投资者，改善投资者结构

3.5.1 研究社保基金、住房公积金等长期资金的投资运营

发达国家经验表明，稳定发展的资本市场离不开长期资金的参与。2012 年，中国证监会积极研究长期资金的投资运营问题，推动地方基本养老金、住房公积金委托全国社保基金开展投资运营，针对住房与城乡建设部《住房公积金管理条例》中涉及公积金投资运营的部分提出了具体修订意见和方案。

中国证监会纪委书记　黎晓宏

3.5.2 加强与相关部委的协调合作，促进机构投资者的发展

为进一步加强沟通与配合支持、共同促进金融市场协调健康发展，2012 年，中国证监会先后与中国人民银行、中国银监会、中国保监会举行会谈，并与中国人民银行、中国保监会明确了落实会谈共识的具体举措。各方就多项资产管理行业发展相关问题达成了共识，包括支持证券公司、基金管理公司、期货公司创新理财业务，为银行产品、保险资金、社保基金、企业年金等参与资本市场创造条件；允许保险机构委托基金管理公司、证券公司管理保险资金；扩大保险资金投资运用范围；加大力度引入合格境外机构投资者等。各部委的密切协调合作进一步改善了机构投资者发展的政策环境。

3.6 推进期货市场创新发展，服务经济发展方式转变

3.6.1 稳步推进期货市场产品、体系和机制的创新

2012 年，中国期货市场成功推出了白银、玻璃、油菜籽和菜籽粕 4 个期货品种。在推进产品创新的同时，中国证监会积极稳妥推进原油、国债期货市场建设，焦煤、铁矿石、动力煤、沥青等战略性期货品种的开发取得了阶段性进展。此外，组织开展期权和商品指数等新工具的研发工作，研究推动多层次商品市场体系建设，并会同发改委研究多层次碳排放权交易市场体系建设，探索期货市场对外开放的总体规划和基本思路。

中国证监会副主席　姜洋

3.6.2 改革市场监管制度，进一步释放市场活力

中国证监会改革了期货市场手续费、套保、套利等监管制度，完善期货交易所主要业务活动监管工作指引，完成历史账户规范和监测监控系统一期建设，推动出台了特殊单位客户、QFII 和保险资金参与期货交易的相关规定，配合清理大宗商品中远期交易市场和打击非法期货交易。

3.6.3 加强与相关部委的监管协作，健全期货市场规则体系

2012 年，中国证监会推动完成《期货交易管理条例》的修订，组织开展《期货法》立法研究，修改完善期货品种合约及规则，服务产业发展，同时继续加强与农业部等部委、地方政府、行业协会的协作，共同构建期货市场服务“三农”的大格局。

3.7 着力改善政策环境，推动中介机构创新发展

3.7.1 减少和简化行政审批

2012 年，中国证监会共取消 22 项行政审批项目，下放 10 项，共占国务院部门清理项目总数

的 10.02%，此外，取消了 3 项非许可类行政审批项目。自 2001 年全面启动行政审批制度改革工作至 2012 年底，中国证监会已分 6 批累计取消 136 项行政审批项目。2012 年，中国证监会行政许可及信息公开申请受理服务中心投入运行，基本实现行政审批项目审核流程和进度的全节点公开，进一步健全了行政审批服务体系。

3.7.2 降低市场交易成本

为适应我国资本市场发展环境和市场规模的变化，有效降低市场交易成本，2012 年，中国证监会协调发改委、财政部，组织各证券期货交易所和中国证券登记结算公司大幅下调证券期货市场的监管费、交易手续费、过户费等收费标准，证券市场交易成本累计降幅达 40%，期货市场达 60%。此次对交易有关费用的大规模调整有助于资本市场效率的提升，也反映了监管部门致力于保护投资者利益、促进市场健康发展的信心和决心。

3.7.3 鼓励和推动证券期货公司各项业务创新发展

出台并落实多项推进证券公司创新发展的政策措施。2012 年 5 月，中国证监会发布《关于推进证券公司改革开放、创新发展的思路与措施》，明确了证券公司创新发展的基本目标，提出了 11 项近期措施，并在实施过程中分解成 36 项具体工作，为证券公司资产管理、自营、代销金融产品、柜台交易、融资融券等多项业务的创新发展创造了良好条件，支持证券公司业务拓展和赴境外上市，改进和完善了对证券公司内部治理和风险防控的监管。在中国人民银行的大力支持下，暂停 7 年之久的证券公司短期融资券恢复发行，进一步拓宽了证券公司的融资渠道。

中国证监会主席助理　吴利军

启动转融通业务试点。转融通业务的推出有利于解决证券公司开展融资融券业务时所面临的资金和证券来源不足的问题。2011 年 10 月，中国证券金融股份有限公司成立。2012 年 8 月，中国证监会批复同意启动转融通业务试点，11 家证券公司成为转融资业务试点对象。2012 年 11 月，试点证券公司增至 30 家。

支持证券期货公司创新理财服务，防范理财业务风险。证券期货经营机构是资产管理服务的重要提供者。2012 年，中国证监会大力支持证券公司、期货公司创新理财业务，修订发布了《证券公司客户资产管理业务管理办法》及配套实施细则，政策收效较为显著，证券公司资产管理产品类型迅速丰富，业务规模快速增长，期货公司资产管理业务试点也顺利启动。截至 2012

年底，85 家开展资产管理业务的证券公司管理资产规模达 1.89 万亿元，共有 20 家期货公司获批资产管理业务资格。在鼓励证券期货公司加大创新、开拓理财业务的同时，中国证监会加大监管力度，规范其理财行为，以防范创新理财业务带来的风险。

3.7.4 优化改革基金业准入和产品审核制度，促进基金公司转型

2012 年，中国证监会进一步放松对基金业的管制，推动行业加快发展转型步伐：一是修改了基金管理公司相关管理办法，削减部分行政许可项目，允许基金管理公司设立专业子公司和将部分业务外包，促进基金公司多元化发展。二是修订了特定客户资产管理业务相关规定，扩大了专项资产管理计划的投资范围，为基金管理公司开展特定资产管理业务创造相对宽松和公平的监管环境。三是大力推进基金审核制度改革，提高基金产品审核效率，强化市场主体责任。四是积极推进各类基金产品的创新，先后推出了跨市场 ETF、跨境 ETF、短期理财基金、场内货币市场基金，较好地满足了投资者需求。

3.7.5 推动各类私募基金规范发展

新《证券投资基金法》颁布后，中国证监会积极配合制定非公开募集证券投资基金（简称私募基金）相关管理办法和配套规则。协同中国证券投资基金业协会进行系统研究，以适时推出符合我国私募基金行业现状的管理办法和登记备案规则，将大部分现有的私募基金管理人纳入监管，明确其法律地位，规范私募基金业务活动，保护投资者合法权益，促进私募基金行业规范化、阳光化发展。此外，中国证监会起草了新规定，允许符合规定条件的私募证券投资基金、私募股权基金、风险投资基金管理机构开展公募基金管理业务，扩大了私募基金管理机构的业务范围。相关规定有利于提升私募基金管理机构的影响力和私募基金行业的整体实力。

中国证监会主席助理　张育军

3.7.6 鼓励证券期货行业吸纳民间资本

中国证监会一直鼓励和支持民间资本入股证券公司、证券投资咨询机构、证券资信评级机构和期货公司。按照法律法规的规定，对民间资本和其他性质资本入股的公司，一视同仁，依法审批。截至 2012 年底，全国 114 家证券公司（含证券公司控股的专业子公司）中，民间资本参控股的共 84 家，占比 73%；全国 161 家期货公司中，民间资本参控股的共 88 家，占比 55%。下一步，中国证监会将按照国家的战略部署，继续依法鼓励和支持民间资本入股证券期货经营机构，引导民间资本在促进证券期货行业持续稳定健康发展中发挥更大的作用。

3.8　强化市场法治建设，提高稽查执法效能

3.8.1　推动重要法律法规的修订，加强法律基础建设

2012 年，中国证监会积极推动《证券投资基金法》的修订工作，新法于 2013 年 6 月 1 日起实施。新基金法扩大调整范围，明确将非公开募集基金纳入证监会监管范畴，进一步加强基金投资者权益保护，同时修改完善了公开募集基金的部分规定，增加对基金服务机构的规定，为基金行业的规范发展和有效监管提供了强有力的法律保障。

为支持国务院对大宗商品中远期交易市场的整顿规范工作，中国证监会全力配合国务院法制办完成了《期货交易管理条例》的修改工作，修改决定已于 2012 年 12 月 1 日起正式施行。修改决定明确了"期货交易"的定义和地方政府查处取缔非法期货交易活动的职责，同时也为我国推出原油期货和国债期货等创新业务预留了法律空间。

3.8.2　设立稽查总队沪深支队，完善制度性安排

按照贴近市场一线、合理配置执法资源的原则，2012 年，中国证监会组建了稽查总队上海、深圳支队，进一步强化了稽查执法力量。2012 年 9 月，中国证监会与中国银监会联合发文，妥善解决了银行账户查询问题，大大提高了稽查执法效率。中国证监会就办理内幕交易刑事案、审理上市公司破产重整案和处理国债回购纠纷案等问题，大力推动司法部门出台相关司法解释和政策。2012 年 6 月 1 日，最高人民检察院、最高人民法院发布的《关于办理内幕交易、泄露内幕信息刑事案件具体应用法律若干问题的解释》正式实施，对办理内幕交易案件中的证据规则、举证责任等做出了明确规定，较好解决了司法举证的责任认定等问题。

3.8.3　完善行政处罚工作程序，加强案件审理专业人才队伍建设

2012 年中国证监会行政处罚工作收效显著。行政处罚委员会共审结各类证券期货违法违规案件 82 件，其中包括信息披露违法案件 34 件、内幕交易案件 33 件、操纵市场案件 10 件；共作出 56 项行政处罚决定书和 8 项市场禁入决定书，移送司法案件 1 起。行政处罚对象中涉及 17 家上市公司、2 家会计师事务所、8 家其他机构、168 名个人。2012 年罚没款总计 4.37 亿元，为行政处罚委员会成立以来最高额。

为加强审理专业人才队伍建设，中国证监会继续推进法官挂职交流活动并面向社会公开招聘审理员，增强了审理队伍的公信力、专业性和权威性。另外，加强对派出机构行政处罚试点单位的案件进行督办、指导、备案复核，有力推动了试点工作稳妥协调开展。2012 年派出机构共完成 8 个案件审理。

3.8.4 从严惩处证券期货市场违法违规案件

在严厉打击内幕交易的同时，中国证监会对上市公司虚假信息披露、操纵市场等行为也予以坚决打击，查处了“万福生科”、“新大地”等欺诈上市、财务造假、虚假信息披露等大案要案。2012 年，中国证监会共受理证券期货违法违规线索 380 件，新增案件调查 316 件（含涉外协查案件 60 件），向公安机关移送涉嫌犯罪案件 33 件。移送案件中，公安机关对 42 名犯罪嫌疑人采取了逮捕、拘留等强制措施，将 28 名犯罪嫌疑人移送检察院审查起诉，有力维护了证券市场秩序。

3.8.5 建立市场诚信监督管理体系

2012 年 7 月，中国证监会正式发布《证券期货市场诚信监督管理暂行办法》，自 9 月起实施。该办法是资本市场首部关于诚信的规章，将近年来建设和使用诚信档案的实践予以制度化、规范化，并新增了行政许可审查、创新业务限制、常规监管检查、行政处罚从严裁量等一系列有针对性的措施和办法，以进一步加强对违法失信行为的惩戒约束。根据这一办法，中国证监会建立了中国资本市场诚信信息数据库。数据库包括市场主体身份信息、违法违规信息、自律管理信息、许可审批信息、监管关注信息、部际共享信息、媒体反映信息七大类信息。截至 2012 年底，诚信数据库收录有约 1.1 万家机构、51.5 万名个人的诚信信息，其中包括约 3 500 家机构、8 600 名个人的负面信息。

4. 对外开放与国际监管合作

Market Accessibility & International Cooperation

4.1 积极稳妥推进证券市场对外开放

对外开放是中国资本市场发展的重要动力。中国证监会始终坚持“以我为主、循序渐进、安全可控、竞争合作、互利共赢”的原则，积极稳妥地推进证券业对外开放，认真履行世界贸易组织（WTO）证券业开放承诺，主动实施证券业和资本市场自主开放的政策措施，并对港、澳、台地区进一步扩大开放和先行先试。

20多年来，从境内公司发行境内上市外资股（B股）到发行境外上市外资股（H股），再到境内外同时发行A股、H股；从境外证券类机构设立驻华代表处到参股设立合资证券公司，再到境内证券公司设立境外分支机构；从合格境外机构投资者（QFII）制度到合格境内机构投资者（QDII）制度，再到人民币合格境外机构投资者（RQFII）试点；从内地与港澳《关于建立更紧密经贸关系的安排》（CEPA）到《海峡两岸经济合作框架协议》（ECFA），再到CEPA补充协议和ECFA后续商谈，中国资本市场和证券业走过了一条渐进式的开放道路，国际化水平和开放程度稳步提高。

中国证监会顾问委员会主席霍华德·戴维斯
在第九届顾问委员会会议上致辞

4.1.1 支持境内企业到境外发行上市

境外上市是我国利用外资的重要形式和长期政策，符合境外上市地上市条件的境内企业可以自主选择到境外上市并提出申请。中国证监会积极支持境内企业根据自身发展需要在境内外发行股票和上市，利用境内外两个市场、两种资源满足融资需求，参与国际经济合作，提升国际竞争力。

截至2012年底，共有179家境内股份有限公司到境外上市，筹资总额1 906.59亿美元。其中，在香港主板上市148家（含香港、纽约同时上市10家，香港、伦敦同时上市4家，香港、纽约、伦敦同时上市1家），在香港交易所创业板上市28家。179家H股公司中有81家发行A股，1家发行B股，1家同时发行A、B股。

2012 年 12 月 20 日，中国证监会正式发布了《关于股份有限公司境外发行股票和上市申报文件及审核程序的监管指引》，取消了境外上市关于企业规模、盈利及筹资额等方面的条件限制，进一步明确和简化境外上市的申请和审核程序，提高审核效率。这项措施的出台将为境内企业特别是中小企业到境外市场直接上市融资创造更为便利的条件。

此外，中国证监会积极支持发行境内上市外资股（B 股）的境内上市公司将其 B 股以介绍方式转至香港上市的试点工作，并推动境内企业在港发行人民币债券等金融创新产品。

4.1.2 扩大外资对中国证券期货业的参与度

外资参股证券公司情况。我国目前主要采取合资的形式实施证券公司对外资开放。外资参股证券公司包括两种形式：一是参与新设合资证券公司；二是作为战略投资者入股上市证券公司。截至 2012 年底，共有中国国际金融有限公司等合资证券公司 14 家，除其中 1 家（长江巴黎）已终止合资变更为内资证券公司，其余 13 家占证券公司总数（114 家）的 11%。2012 年 10 月，中国证监会正式公布了修订后的《外资参股证券公司设立规则》和《证券公司设立子公司试行规定》，将原有外国投资者在合资证券公司中不超过 33% 的持股比例提高到 49%，并允许合资证券公司在持续经营满两年以上且符合有关条件的情况下，申请扩大业务范围。

外资参股基金管理公司情况。截至 2012 年底，有 43 家合资基金管理公司获准设立，占基金管理公司总数（77 家）的 56%，其中 19 家合资基金公司的外资股权比例已达 49%。2012 年，有 3 家合资基金管理公司获准设立，其中 2 家公司的外资持股比例为 49%。

外资参股期货管理公司情况。截至 2012 年底，根据内地与香港 CEPA 及其补充协议，中国证监会已批准苏皇金融期货亚洲有限公司、新际经纪香港有限公司、摩根大通经纪（香港）有限公司分别参股银河期货有限公司、中信新际期货有限公司及摩根大通期货有限公司，持股比例分别为 16.68%、42% 及 49%。此外，为落实第四轮中美战略与经济对话（S&ED）的成果，中国证监会已于 2012 年启动相关管理办法的修订工作，拟允许符合条件的境外投资者在合资期货经纪公司中持有不超过 49% 的股份。

其他相关开放情况。根据中国加入 WTO 证券业开放承诺，截至 2012 年底，上海、深圳证券交易所各有 3 家特别会员，并各有 38 家和 19 家境外证券经营机构直接从事 B 股交易。此外，有 9 家境外证券交易所获准设立驻华代表处；境外证券类经营机构获准设立 167 家驻华代表机构，其中境外证券公司驻华代表处 121 家，境外资产管理公司驻华代表处 46 家。

4.1.3 稳步推动中资机构"走出去"

证券公司设立海外分支机构情况。2012 年，4 家证券公司经批准设立境外子公司。截至 2012 年底，共有 24 家证券公司经批准设立境外子公司，其中 23 家境外子公司注册地在香港，1 家境外子公司注册地在老挝。截至 2012 年底，21 家正常运营的境外子公司实收资本 197.35 亿港元，总资产 774.84 亿港元，净资产 293.36 亿港元，2012 年净利润 6.02 亿港元。

基金公司设立海外分支机构情况。在基金管理公司对外拓展业务方面，中国证监会支持基金管理公司设立境外机构，鼓励探索境外业务发展机会。2008 年以来，中国证监会批准设立的 77 家基金管理公司中有 20 家基金管理公司在香港设立子公司，其中 2012 年批准设立了 5 家。

期货公司设立海外分支机构情况。自 2006 年以来，根据 CEPA 补充协议Ⅱ的有关安排，中国证监会先后批准浙江永安等 6 家期货公司在中国香港设立子公司。2012 年，6 家香港子公司运行平稳，盈利能力稳健，实现税后净盈利 4 013.4 万港元，速动资金充足，符合香港证监会监管要求，并为境内期货公司走向海外提供了有益经验。

研究制定境内企业参与境外期货交易的相关规定，推动期货公司境外代理试点工作。加强与商务部、国资委和国家外汇管理局（简称外汇局）等部委之间的政策协调，研究制定《境内企业从事境外期货交易试行办法》和《期货公司境外期货经纪业务试行办法》，推动期货公司境外代理试点工作。

4.1.4 进一步完善 QFII、RQFII 和 QDII 制度

QFII 制度。合格境外机构投资者（QFII）制度是我国在资本项目尚未完全开放的条件下，部分开放资本市场的过渡性安排。2002 年实施以来，QFII 制度总体运行平稳，对于增加资本市场长期资金供给、引导价值投资理念发挥了积极作用。

2012 年，随着我国国际收支形势有所好转，根据扩大资本市场对外开放、引入更多境外长期资金的需要，中国证监会加快了 QFII 资格审批，协调外汇局加快批准 QFII 投资额度，加强对 QFII 投资运作的监管。2012 年全年，新批准 72 家境外机构 QFII 资格，QFII 总数达到 207 家，其中资产管理机构、保险资金、政府投资管理公司、捐赠基金等长期投资机构的比例达到 79%；外汇局新批准 QFII 投资额度 158.03 亿美元，QFII 投资总额度合计 374.43 亿美元。

同时，为加大引入境外长期资金的宣传力度，2012 年，中国的证券期货交易所在美国、加拿大、欧洲、日韩和中东地区举行了长期投资机构 QFII 制度推介活动，向境外养老金、主权基金等介绍我国资本市场和 QFII 发展情况，吸引境外长期资金进入。路演过程中，共举行了 73 场与大型投资机构的一对一会谈以及 8 场集体推介会，会见境外投资机构近 200 家，取得了良好效果。下一步，中国证监会将继续加强对 QFII 投资运作的监管，适当加快 QFII 资格审批，鼓励更多长期资金进入，促进资本市场稳定发展。

RQFII 制度。为进一步推进中国境内证券市场的对外开放，推动基金管理公司、证券公司发展跨境业务，拓宽境外人民币投资渠道，促进香港金融市场稳定发展，2011 年 12 月，中国证监会、人民银行、外汇局联合发布了《基金管理公司、证券公司人民币合格境外机构投资者境内证券投资试点办法》，允许符合资格条件的基金管理公司、证券公司的香港子公司作为试点机构，运用其在香港募集的人民币资金在经批准的人民币投资额度内开展境内证券投资业务。同年，中国证监会发布《关于实施〈基金管理公司、证券公司人民币合格境外机构投资者境内证券投资试点办法〉的规定》，允许符合条件的基金管理公司、证券公司的香港子公司，申请 RQFII 资格。

RQFII 试点工作进展顺利。初始投资额度200亿元人民币，2012年4月新增500亿元，11月又新增2 000亿元，总额度达2 700亿元，为扩大资本市场开放、引入更多境外资金创造了良好环境。截至2012年底，14家基金管理公司、12家证券公司的香港子公司获得试点资格，累计获批投资额度合计670亿元人民币，大多数试点机构已开始在香港募集人民币资金。RQFII 的试点办法已经修订完成。按照新的试点办法，符合条件的机构将扩大到银行、保险公司香港子公司和其他注册地及主要经营地在香港地区的金融机构，投资产品的结构也将进一步优化。

QDII 制度。合格境内机构投资者（QDII）是指具有良好的证券投资能力，经监管部门批准，通过向境内居民、企业募集资金或者运用自有资金投资于境外证券市场的金融机构。QDII 制度是在人民币资本项目尚不可自由兑换条件下有管理地进行境外证券投资业务的一项制度安排。2007年6月，中国证监会发布《合格境内机构投资者境外证券投资管理试行办法》及配套通知，正式开展证券经营机构的 QDII 业务试点。

基金管理公司 QDII 业务情况。截至2012年底，共有32家基金管理公司取得 QDII 资格，到境外金融市场进行证券投资；已批准72只 QDII 基金产品，其中67只 QDII 基金成立，资产净值约632亿元人民币。2012年，新批准了13只 QDII 基金，有16只 QDII 基金成立。

证券公司 QDII 业务情况。截至2012年底，共有13家证券公司取得了 QDII 资格；6只 QDII 集合资产管理计划获批并成立，其中1只产品已清盘，存续运作的5只产品资产净值共4.85亿元人民币。

QDII 业务试点以来，中国证监会合理控制募集规模，不断完善业务规则，积极应对国际金融危机。总体来看，尽管受国际经济金融形势不利影响出现了一定亏损，但 QDII 业务的规则及监管框架已经基本建立，试点工作平稳起步并有序推进，初步达到了拓宽居民投资渠道、缓解外汇储备增长压力、提高证券经营机构的国际化水平政策目标。具体表现在：一是 QDII 产品运作平稳顺畅，经受了国际金融危机严峻考验；二是 QDII 产品类型日益丰富，拓宽了投资者的资产配置渠道；三是 QDII 业务提高了证券类经营机构的国际化水平，推动了“走出去”战略的实施；四是 QDII 业务促进了跨境资金的有序流动，为改善国际收支、完善外汇储备管理模式发挥了积极作用。

4.2 加强与港澳台证券市场的合作与联系

4.2.1 香港、澳门地区

根据内地与香港、澳门特别行政区签订的 CEPA 及其补充协议，近年来中国证监会推出了一系列促进内地证券期货业进一步向港澳地区开放的政策措施，不断加强与港澳地区的合作与联系。

2004 年 1 月 1 日起，允许香港交易及结算所有限公司在北京设立办事处；简化港澳地区专业人员在内地申请证券期货从业资格的相关程序，港澳专业人员申请获得内地证券期货从业资格只需通过内地法律法规的培训与考试，无需通过专业知识考试。

2005 年 1 月 1 日起，允许符合条件的港澳中介机构参股内地期货经纪公司，港澳中介机构的参股比例不超过 49%。

2006 年 1 月 1 日起，允许符合条件的内地创新试点类证券公司根据相关要求在香港地区设立分支机构；允许符合条件的内地期货公司到香港地区经营期货业务，包括设立分支机构。

2008 年 1 月 1 日起，允许符合条件的内地基金管理公司在香港设立分支机构，经营有关业务；内地证券公司在香港地区设立分支机构完成香港地区注册程序的时限由 6 个月延长至 1 年。

2009 年 10 月 1 日起，允许符合条件的港澳地区证券公司与内地具备设立子公司条件的证券公司在广东省设立合资证券投资咨询公司。合资证券投资咨询公司作为内地证券公司的子公司，专门从事证券投资咨询业务，港澳地区证券公司持股比例最高可达 1/3。两地合作积极研究在内地引入港股组合 ETF。

2011 年 1 月 1 日起，支持符合条件的内地期货公司在香港地区设立的子公司在港依法开展业务；深化内地与香港地区金融服务及产品开发的合作，适时在内地推出港股组合 ETF。

2012 年 4 月 1 日起，继续支持内地符合条件的证券类金融机构在港澳地区设立分支机构及依法开展业务；深化内地与港澳地区金融服务及产品开发的合作，允许以 RQFII 方式投资境内证券市场。

2013 年 1 月 1 日起，修订完善境外上市的相关规定，支持符合香港上市条件的内地企业赴香港上市，为境内企业特别是中小企业到境外市场直接上市融资创造便利条件；积极研究降低港澳地区金融机构申请 QFII 资格的有关资质要求，为香港地区有关长期资金投资内地资本市场提供便利；积极研究深化内地与香港商品期货市场合作的路径和方式，推动建立优势互补、分工合作、共同发展的期货市场体系；继续支持符合条件的港澳地区金融机构在内地设立合资证券公司、基金管理公司、期货公司；允许符合条件的港资、澳资银行从事证券公司客户交易结算资金和期货保证金存管业务；允许符合外资参股证券公司境外股东资质条件的港澳地区证券公司与内地具备设立子公司条件的证券公司，在内地设立合资证券投资咨询公司，合资证券投资咨询公司作为内地证券公司的子公司，专门从事证券投资咨询业务，港澳地区证券公司持股比例最高可达到 49%。

截至 2012 年底，中国证监会已批准 3 家香港中介机构参股内地期货公司；另外，内地分别有 23 家证券公司、6 家期货公司、20 家基金管理公司在香港地区设立分支机构（有关名录详见附表 9 至附表 11）。

4.2.2 台湾地区

2009 年 11 月，在 ECFA 框架下，中国证监会与台湾方面金融监督管理机构代表签署了《海峡两岸证券及期货监督管理合作谅解备忘录》。该文件于 2010 年 1 月 16 日生效，标志着两岸证券及期货监督管理合作机制的建立，奠定了两岸证券期货市场合作的基础。

2010 年，中国证监会积极参与 ECFA 的商谈和签署工作，在 ECFA 早收清单中作出三项开放承诺：一是对符合条件的台资金融机构在大陆申请 QFII 资格给予适当便利。二是尽快将台湾证券交易所、期货交易所列入大陆允许 QDII 投资金融衍生品的交易所名单。三是简化台湾地区证券从业人员在大陆申请从业人员资格和取得职业资格的相关程序。

截至 2012 年底，中国证监会批准了 17 家台资金融机构的 QFII 资格，批准了 2 家台资金融机构在大陆设立合资基金管理公司。

4.3 扩大国际交流与跨境监管合作

4.3.1 国际多边和双边合作

积极参与国际金融监管改革。金融危机以来，二十国集团（G20）和金融稳定理事会（FSB）在推动国际金融体系改革和监管合作方面发挥了主导作用。2012 年，中国证监会高度重视并积极参与了 G20 洛斯卡沃斯峰会的相关准备工作，并在前期参与了能源和大宗商品市场工作组的相关研究；同时，会同有关部门积极落实了 G20 和 FSB 的行动计划，完成了 G20 宏观经济政策互评等工作。

积极参与国际证监会组织（IOSCO）工作。为了更好地应对国际金融危机后的新形势，IOSCO 作为国际证券监管标准制定组织，积极开展了一系列机构改革，于 2012 年成立了单一决策机构理事会，并将标准制定职能整合至理事会下设的七个专业委员会。中国证监会于 1995 年加入 IOSCO，成为其正式成员，2012 年成为理事会成员，加入了包括七个专业委员会在内的多个工作机构，并派员担任多边备忘录监督小组和第五委员会（基金管理）副主席。至此，中国证监会已经开始全面参与 IOSCO 的标准制定、评估研究等方面的工作。

IOSCO 秘书长大卫 · 莱特在 IOSCO 第 37 届年会上发言

承办 IOSCO 第 37 届年会。2012 年 5 月 13 日至 17 日，中国证监会在北京承办了国际证监会组织（IOSCO）第 37 届年会，来自 140 个成员机构的 500 余名代表参加了本届年会。IOSCO 北京年会的圆满成功得到了与会代表的高度评价，对推进中国证监会参与国际金融改革，加强跨境监管合作，展现中国资本市场的改革开放成果具有重要意义，也为IOSCO做出了重要贡献。

积极参加国际双边经济金融对话与磋商机制。2012年，中国证监会参加了第四轮中美战略与经济对话、第七次中欧财金对话、第四次中日经济高层对话、中巴（西）高委会第二次会议以及中欧、中加、中澳、中印、中哈等双边对话磋商，与境外有关金融监管机构交流信息、讨论市场发展中的重大热点问题和监管政策，加强跨境监管和执法合作，共同维护公平、透明、高效的资本市场。

积极参与WTO贸易政策审议、自贸区谈判、国际货币基金组织（IMF）第四条款磋商、穆迪对中国主权评级等有关工作。中国证监会积极参与WTO贸易政策审议工作，认真回答其他成员对中国证券期货领域提出的相关问题，为多哈回合服务贸易谈判相关规则建言献策，积极参加有关自贸区谈判、IMF第四条款磋商、穆迪对中国主权评级等有关工作。此外，中国证监会与欧盟在“中欧可持续投资与贸易”项目下开展多种形式的合作，保持与经合组织、亚洲开发银行、世界银行等国际组织的联系，开展相关专题合作等。

4.3.2 监管备忘录和跨境监管合作

成为IOSCO多边备忘录签署方。为加强国际证券监管合作，打击跨境违法违规行为，IOSCO于2002年5月通过了《磋商、合作及信息交换多边谅解备忘录》（以下简称多边备忘录），要求签署方共享实际持有人和控制人信息、证券和衍生品交易纪录，以及银行和中介机构信息等调查资料，为IOSCO成员机构处理跨境证券类案件提供了便利。近年来，IOSCO成员机构在多边备忘录框架下的合作不断增加。截至2012年底，已有91个成员机构签署多边备忘录，另有25个成员机构正式承诺实施相应的立法和行政改革，以满足签署多边备忘录的要求。中国证监会于2007年签署了多边备忘录，并积极履行了在多边备忘录下承诺的有关信息共享和跨境执法协助的各项义务。

签署双边监管合作谅解备忘录。签署双边监管合作谅解备忘录是中国证监会与境外监管机构建立监管合作机制、加强跨境监管合作的重要手段，也是境外金融机构进入中国资本市场，如设立合资证券公司、合资基金管理公司、申请QFII资格等，或QDII赴境外资本市场投资的必备条件。2012年，中国证监会分别于4月24日在斯德哥尔摩与瑞典金融监管局，于5月17日在北京与卢森堡金融监管委员会、塞浦路斯证券交易委员会签署了《证券期货监管合作谅解备忘录》。截至2012年底，中国证监会已与49个国家和地区的监管机构签署了53个监管合作谅解备忘录。

积极开展跨境执法协助。在双边监管合作谅解备忘录和IOSCO多边备忘录的框架下，中国证监会与境外证券监管机构通过跨境执法协助，有效地打击了跨境证券犯罪行为，促进了各自监管职能的履行，保护了投资者的利益，维护了各自市场的公平、透明、高效。2012年，中国证监会新收到境外监管机构（含香港地区，下同）提出的协查请求54件，2012年共办结协查请求49件。

探讨跨境审计监管合作机制。中国证监会与境外审计监管机构开展了多种形式的对话与交流，商讨在加深了解、建立互信的基础上建立相关跨境审计监管合作机制的可能。在日常监管方面，中国证监会以实现相互依赖为目标，坚持在建立互信的基础上，依靠东道国监管机构对在一方监管机构注册而在另一方监管机构辖区内开展审计业务的事务所进行包括现场检查在内的日常监管。目前，中国证监会正在与包括美国公众公司会计监察委员会（PCAOB）在内的境外机构就跨境审计日常监管合作安排进行磋商，并开展了如派遣观察员等多种形式的合作探索。在执法合作方面，境外监管机构多次请求中国证监会协助提供相关审计工作底稿，中国证监会积极协调各相关部委，初步建立了向境外监管机构提供审计工作底稿的相关流程，目前已启动了个案试点工作。

中国证监会将继续坚持“以我为主、循序渐进、安全可控、竞争合作、互利共赢”的原则，从中国资本市场发展的实际需要出发，根据金融业对外开放的总体规划和安排，进一步扩大对外开放，逐步提高资本市场的国际化水平，推动资本市场进一步健康有序发展。

附　　录

Appendices

附录 1　2012 年中国证券期货监管大事记

A1.1　中国证监会颁布的部门规章

1. 关于修改《上市公司收购管理办法》第六十二条及第六十三条的决定（2012 年 2 月 14 日　证监会令第 77 号）

2. 关于修改《证券发行与承销管理办法》的决定（2012 年 5 月 18 日　证监会令第 78 号）

3. 关于修改《证券投资基金运作管理办法》第六条及第十二条的决定（2012 年 6 月 19 日　证监会令第 79 号）

4. 证券期货市场诚信监督管理暂行办法（2012 年 7 月 25 日　证监会令第 80 号）

5. 期货公司资产管理业务试点办法（2012 年 7 月 31 日　证监会令第 81 号）

6. 证券投资基金管理公司管理办法（2012 年 9 月 20 日　证监会令第 84 号）

7. 证券期货业信息安全保障管理办法（2012 年 9 月 24 日　证监会令第 82 号）

8. 基金管理公司特定客户资产管理业务试点办法（2012 年 9 月 26 日　证监会令第 83 号）

9. 非上市公众公司监督管理办法（2012 年 9 月 28 日　证监会令第 85 号）

10. 关于修改《外资参股证券公司设立规则》的决定（2012 年 10 月 11 日　证监会令第 86 号）

11. 证券公司客户资产管理业务管理办法（2012 年 10 月 18 日　证监会令第 87 号）

12. 关于修改《证券公司董事、监事和高级管理人员任职资格监管办法》的决定（2012 年 10 月 19 日　证监会令第 88 号）

A1.2　中国证监会颁布的规范性文件

1. 关于修改《期货市场客户开户管理规定》的决定（2012 年 2 月 2 日　证监会公告

［2012］1号）

2. 上市公司并购重组专家咨询委员会工作规则（2012年2月6日　证监会公告［2012］2号）

3. 关于进一步加强保荐业务监管有关问题的意见（2012年3月15日　证监会公告［2012］4号）

4. 证券投资基金信息披露XBRL模板第2号《净值公告》（2012年3月16日　证监会公告［2012］5号）

5. 上市公司监管指引第1号——上市公司实施重大资产重组后存在未弥补亏损情形的监管要求（2012年3月23日　证监会公告［2012］6号）

6. 关于修改《关于证券公司风险资本准备计算标准的规定》的决定（2012年4月11日　证监会公告［2012］7号）

7. 关于《关于进一步深化新股发行体制改革的指导意见》公布的公告（2012年4月28日　证监会公告［2012］10号）

8. 关于期货公司变更注册资本或股权有关问题的规定（2012年5月10日证监会公告［2012］11号）

9. 开放式基金业务数据交换协议（2012年5月17日证监会公告［2012］12号）

10. 关于进一步提高首次公开发行股票公司财务信息披露质量有关问题的意见（2012年5月23日　证监会公告［2012］14号）

11. 《关于基金从业人员投资证券投资基金有关事项的规定》（2012年6月20日　证监会公告［2012］15号）

12. 证券期货业统计指标标准指引第1号（试行）（2012年6月12日　证监会公告［2012］16号）

13. 关于实施《合格境外机构投资者境内证券投资管理办法》有关问题的规定（2012年7月27日　证监会公告［2012］17号）

14. 《关于废止部分证券期货规章的决定（第十一批）》（2012年8月3日　证监会公告［2012］18号）

15. 关于规范证券公司参与区域性股权交易市场的指导意见（试行）（2012年8月23日　证监会公告［2012］20号）

16. 公开发行证券的公司信息披露内容与格式准则第2号——年度报告的内容与格式（2012年修订）（2012年9月19日　证监会公告［2012］22号）

17. 关于实施《基金管理公司特定客户资产管理业务试点办法》有关问题的规定（2012年9月26日　证监会公告［2012］23号）

18. 基金管理公司单一客户资产管理合同内容与格式准则（2012年修订）（2012年9月26日　证监会公告［2012］24号）

19. 基金管理公司特定多个客户资产管理合同内容与格式准则（2012 年修订）（2012 年 9 月 26 日 证监会公告［2012］25 号）

20. 关于实施《证券投资基金管理公司管理办法》有关问题的规定（2012 年 9 月 20 日 证监会公告［2012］26 号）

21. 关于修改《证券公司设立子公司试行规定》的决定（2012 年 10 月 16 日 证监会公告［2012］27 号）

22. 我会贯彻落实《国务院关于第六批取消和调整行政审批项目的决定》的公告（2012 年 10 月 12 日 证监会公告［2012］28 号）

23. 证券公司集合资产管理业务实施细则（2012 年 10 月 18 日 证监会公告［2012］29 号）

24. 证券公司定向资产管理业务实施细则（2012 年 10 月 18 日 证监会公告［2012］30 号）

25. 上市公司行业分类指引（2012 年修订）（2012 年 10 月 26 日 证监会公告［2012］31 号）

26. 证券投资基金管理公司子公司管理暂行规定（2012 年 10 月 29 日 证监会公告［2012］32 号）

27. 关于加强与上市公司重大资产重组相关股票异常交易监管的暂行规定（2012 年 11 月 6 日 证监会公告［2012］33 号）

28. 证券公司代销金融产品管理规定（2012 年 11 月 12 日 证监会公告［2012］34 号）

29. 关于修改《关于证券公司证券自营业务投资范围及有关事项的规定》的规定（2012 年 11 月 16 日 证监会公告［2012］35 号）

30. 关于修改《关于证券公司风险资本准备计算标准的规定》的规定（2012 年 11 月 16 日 证监会公告［2012］36 号）

31. 关于调整证券公司净资本计算标准的规定（2012 年修订）（2012 年 11 月 16 日 证监会公告［2012］37 号）

32. 基金管理公司开展投资、研究活动防控内幕交易指导意见（2012 年 11 月 15 日 证监会公告［2012］38 号）

33. 关于加强对利用“荐股软件”从事证券投资咨询业务监管的暂行规定（2012 年 12 月 5 日 证监会公告［2012］40 号）

34. 证券公司治理准则（2012 年 12 月 11 日 证监会公告［2012］41 号）

35. 公开发行证券的公司信息披露内容与格式准则第 30 号——创业板上市公司年度报告的内容与格式（2012 年修订）（2012 年 12 月 14 日 证监会公告［2012］43 号）

36.《上市公司监管指引第 2 号——上市公司募集资金管理和使用的监管要求》（2012 年 12 月 19 日 证监会公告［2012］44 号）

37. 关于股份有限公司境外发行股票和上市申报文件及审核程序的监管指引（2012 年 12 月 20 日 证监会公告［2012］45 号）

38. 证券期货业信息安全事件报告与调查处理办法（2012 年 12 月 24 日　证监会公告［2012］46 号）

39.《证券期货业网络时钟授时规范》（JR/T 0084—2012）（2012 年 12 月 24 日　证监会公告［2012］47 号）

40.《证券投资基金编码规范》（JR/T 0085—2012）（2012 年 12 月 26 日　证监会公告［2012］48 号）

41.《证券投资基金参与方编码规范》（JR/T 0086—2012）（2012 年 12 月 26 日　证监会公告［2012］49 号）

42.《股指期货业务基金与期货数据交换接口》（JR/T 0087—2012）（2012 年 12 月 26 日　证监会公告［2012］50 号）

43. 证券公司次级债管理规定（2012 年 12 月 27 日　证监会公告［2012］51 号）

A1.3　中国证券期货监管的重要事件

◆ 2012 年 1 月 10 日，国务院批复同意建立由中国证监会牵头、其他 23 个部委参加的清理整顿各类交易场所部际联席会议制度。联席会议办公室设在证监会，承担日常工作。

◆ 2012 年 2 月 2 日，清理整顿各类交易场所工作会议暨部际联席会议第一次会议在京召开。会议旨在贯彻《国务院关于清理整顿各类交易场所 切实防范金融风险的决定》文件精神，协调动员各地人民政府和相关力量，全面推进清理整顿工作。

◆ 2012 年 2 月 13 日，中国金融期货交易所正式启动国债期货仿真交易。

◆ 2012 年 2 月 14 日，中国证监会发布《上市公司收购管理办法（2012 修订）》，减少了并购重组行政许可事项、简化了并购重组行政许可程序。

◆ 2012 年 2 月 15 日，中国上市公司协会正式成立。

◆ 2012 年 2 月 21 日，中国证券登记结算有限责任公司开立首个 RQFII 账户。

◆ 2012 年 3 月 29 日，最高人民法院出台《关于办理内幕交易、泄露内幕信息刑事案件具体应用法律若干问题的解释》，自 2012 年 6 月 1 日起施行。作为证券期货刑事领域的第一部司法解释，内幕交易司法解释解决了内幕交易认定的一系列难点问题，为打击内幕交易犯罪行为提供了坚实的法律基础。

◆ 2012 年 4 月 3 日，经国务院批准，中国证监会、中国人民银行及国家外汇管理局决定新增 QFII 投资额度 500 亿美元，新增 RQFII 投资额度 500 亿元人民币。

◆ 2012 年 4 月 11 日，中国证监会发布《关于修改〈关于证券公司风险资本准备计算标准的规定〉的决定》，调减风险资本准备计算比例，放大业务空间。

◆ 2012 年 4 月 20 日，深圳证券交易所发布《创业板股票上市规则（2012 年修订）》。

◆ 2012 年 4 月 24 日，中国证券会与瑞典金融监管局签署《证券期货监管合作谅解备忘录》。

◆ 2012 年 4 月 27 日，国内四家期货交易所宣布降低所有期货品种的手续费标准，各品种降费比例从 12.5% 到 50% 不等，总体下降 30% 左右，从 6 月 1 日起实施。

◆ 2012 年 4 月 28 日，中国证监会发布《关于进一步深化新股发行体制改革的指导意见》，提出六项市场化改革的举措，针对新股发行畸高“炒新”等问题，进一步理清发行过程中各有关主体的责任，强化资本约束、诚信约束和市场约束机制。

◆ 2012 年 4 月 30 日，沪深证券交易所和中国证券登记结算有限责任公司宣布降低 A 股交易的相关收费标准，总体降幅为 25%，自 6 月 1 日起实施。

◆ 2012 年 5 月 4 日，中国证监会发布《关于进一步落实上市公司现金分红有关事项的通知》，进一步贯彻投资者保护的基本理念，积极倡导回报股东的股权文化，强化上市公司现金分红的信息披露要求，并加强对未切实履行分红承诺的上市公司的监督检查。

◆ 2012 年 5 月 7 日至 8 日，中国证券业协会等自律组织联合召开证券公司创新发展研讨会，鼓励证券公司围绕实体经济的需要，积极、审慎地探索和创新。

◆ 2012 年 5 月 10 日，白银期货在上海期货交易所挂牌上市。

◆ 2012 年 5 月 13 日至 17 日，国际证监会组织（IOSCO）第 37 届年会在北京成功举行，中国证监会成功当选理事会成员，并派员担任多边备忘录监督小组和第五委员会副主席。

◆ 2012 年 5 月 17 日，中国证监会分别与卢森堡金融监管委员会和塞浦路斯证券交易委员会签署《证券期货监管合作谅解备忘录》。

◆ 2012 年 5 月 25 日，中国证监会发布《关于落实〈国务院关于鼓励和引导民间投资健康发展的若干意见〉工作要点的通知》；上海证券交易所发布实施《上海证券交易所中小企业私募债券业务试点办法》和《上海证券交易所中小企业私募债券业务指引（试行）》，中小企业私募债试点正式启动。

◆ 2012 年 6 月 7 日，中国证券投资基金业协会在北京成立。

◆ 2012 年 6 月 12 日，中国证监会发布《证券期货业统计指标标准指引第 1 号（试行）》，这是自资本市场建立以来，中国证监会首次对外发布的全行业、系统性、规范化的统计指标标准指引，是重要的统计基础规范。

◆ 2012 年 6 月 28 日，上海证券交易所发布《关于完善上海证券交易所上市公司退市制度的方案》；深圳证券交易所发布《关于改进和完善深圳证券交易所主板、中小企业板上市公司退市制度的方案》。

◆ 2012 年 7 月 8 日，国务院批准中国证监会《关于扩大中关村试点逐步建立全国中小企业股份转让系统的请示》，在中关村园区基础上，新增上海张江、武汉东湖、天津滨海新区进入试点范围。

◆ 2012 年 7 月 12 日，国务院办公厅发布《关于清理整顿各类交易场所的实施意见》，进一步明确清理整顿工作的政策界限、措施、工作安排和交易场所审批程序，提出具体工作要求。

◆ 2012 年 7 月 13 日，证券、期货市场监管费收费标准大幅降低。以股票、期货年交易额为基数收取的市场监管费收费标准降低 50%；以证券投资基金年交易额和债券年交易额为基数收取的市场监管费全部减免。

◆ 2012 年 7 月 25 日，中国证监会发布《证券期货市场诚信监督管理暂行办法》，自 2012 年 9 月 1 日起施行。作为我国资本市场首部专门的诚信监管规章，这一文件的出台与实施有助于进一步夯实市场诚信基础，促进市场改革创新，保障市场健康稳定发展，保护投资者合法权益。

◆ 2012 年 7 月 27 日，清理整顿各类交易场所工作会议暨部际联席会议第二次会议在京召开。会议全面总结了 2012 年上半年清理整顿各类交易场所工作开展情况，交流各地清理整顿工作经验，部署下一阶段清理整顿工作。

◆ 2012 年 7 月 27 日，中国证监会发布《关于实施〈合格境外机构投资者境内证券投资管理办法〉有关问题的规定》。

◆ 2012 年 7 月 31 日，中国证监会发布《期货公司资产管理业务试点办法》，自 2012 年 9 月 1 日起施行。资产管理业务的推出，将逐步改善期货市场投资者结构，进一步提升期货行业服务国民经济能力。

◆ 2012 年 8 月 2 日，证券、期货市场相关收费标准再度大幅降低。按照监管部门不断降低市场交易成本、提高市场效率、减轻投资者负担的总体要求，沪、深证券交易所 A 股交易经手费将按成交金额的 0.0696‰双向收取，降幅为 20%；中国证券登记结算有限责任公司上海分公司 A 股交易过户费将按成交面额的 0.3‰双向收取，降幅为 20%；四家期货交易所分品种交易手续费总体降幅从 6.25% 到 50% 不等，其中上海期货交易所、郑州商品交易所、大连商品交易所期货交易手续费降幅分别为 26%、17%、15.5%，中国金融期货交易所股指期货交易手续费将按成交金额的 0.025‰收取，降幅为 28.57%。

◆ 2012 年 8 月 30 日，中国证券金融公司正式启动转融通业务试点，先行办理转融资业务。

◆ 2012 年 8 月 31 日，中国证监会发布《关于规范证券公司参与区域性股权交易市场的指导意见（试行）》，鼓励证券公司通过投资入股、提供会员服务等方式参与该地区的股权交易市场建设与发展；中国证券登记结算有限责任公司发布《关于保险资产管理公司资产管理计划开户与结算有关问题的通知》和《关于信托产品开户与结算有关问题的通知》，为保险资产管理计划和信托产品提供了公平参与证券市场的投资渠道，有利于优化市场机构投资者结构、壮大机构投资者队伍。

◆ 2012 年 9 月 7 日，扩大非上市股份公司股份转让试点合作备忘录签署暨首批企业挂牌仪式在京举行。中国证监会与北京、天津、上海和湖北四省市分别签署合作备忘录。

◆ 2012 年 9 月 12 日，中证资本市场运行统计监测中心有限责任公司在京成立。

◆ 2012 年 9 月 14 日，中国证监会国际顾问委员会第九次会议在京召开，会议主要议题包括以信息披露为中心的新股发行体制改革，债券市场的发展与监管以及期货市场的发展、开放与监管。

◆ 2012年9月17日，《金融业发展和改革“十二五”规划》正式发布，提出了“十二五”时期金融业发展和改革的指导思想、主要目标和政策措施，从完善金融调控、优化组织体系、建设金融市场、深化金融改革、扩大对外开放、维护金融稳定、加强基础设施等七个方面，明确了“十二五”时期金融业发展和改革的重点任务。

◆ 2012年9月20日，全国中小企业股份转让系统有限责任公司在京登记成立。全国中小企业股份转让系统是由国务院批准设立的全国证券交易场所，为非上市股份公司股份的公开转让、融资、并购等相关业务提供服务。

◆ 2012年9月21日，中国证监会正式发布上市公司年报准则2012年修订稿，修订稿简化了年报信息披露内容，增加了非财务信息披露和自愿披露内容，并鼓励差异化披露。

◆ 2012年9月28日，中国证监会发布《非上市公众公司监督管理办法》，确定了非上市公众公司的范围，提出了公司治理和信息披露的基本要求，明确了公开转让、定向转让、定向发行的申请程序。

◆ 2012年10月14日，中国证监会在第六批行政审批项目集中清理中取消和下放32个行政审批项目，占国务院部门清理项目总数10.02%，数量位居首位。同时，经国务院同意，中国证监会还决定取消3项非许可类行政审批项目。

◆ 2012年10月15日，中国证监会开展了对上市公司股东、关联方，以及上市公司的承诺事项清理和专项检查工作，要求上市公司对相关方承诺未履行情况进行专项披露，对已经履行完毕的情况进行抽查，对超期未履行的承诺事项进行专项检查并采取监管措施督促履行。

◆ 2012年10月15日，中国证监会开始每周公布并购重组行政许可在审项目审核进展情况，推进并购重组审核工作的标准化、流程化和公开化。

◆ 2012年10月24日，国务院发布《关于修订〈期货交易管理条例〉的决定》，修订决定明确了“期货交易”的定义和地方政府查处取缔非法期货交易活动的职责，同时也为我国推出原油期货和国债期货等创新业务预留了法律空间。

◆ 2012年11月7日，浙江、湖北、重庆、贵州、西藏、甘肃、青海、深圳八省（区、市）清理整顿各类交易场所的工作率先通过联席会议检查验收。

◆ 2012年11月16日，中国证监会发布《关于实施上市公司股息红利差别化个人所得税政策有关问题的通知》，通过税收优惠政策鼓励长期投资。

◆ 2012年11月16日，中国证监会、科技部制定《关于支持科技成果出资入股确认股权的指导意见》，进一步放松了有关科技成果出资入股确认股权的行政管制。

◆ 2012年12月3日，玻璃期货在郑州商品交易所挂牌上市。

◆ 2012年12月11日，中国证监会修订发布《证券公司治理准则》，强化了证券公司董事、监事有效履职的约束机制和流程要求，充实、完善了对证券公司薪酬管理机制的规定。

◆ 2012年12月20日，中国证监会发布《关于股份有限公司境外发行股票和上市申报文件及审核程序的监管指引》，进一步放宽境内企业境外发行股票和上市的条件，简化审核程序，提高监管效率。

◆ 2012年12月27日，稽查总队第六、第七支队成立大会在上海举行，第六、第七支队分别负责查处上海、深圳及周边区域的证券期货违法违规案件。

◆ 2012年12月28日，第十一届全国人大常委会第三十次会议审议通过了修订后的《中华人民共和国证券投资基金法》，新基金法将于2013年6月1日正式实施。

◆ 2012年12月28日，油菜籽、菜籽粕期货品种在郑州商品期货交易所挂牌上市。

◆ 2012年12月28日，中国证监会发布了《关于做好首次公开发行股票公司2012年度财务报告专项检查工作的通知》，正式启动IPO在审企业财务专项检查工作。

◆ 2012年12月31日，中国人民银行与中国证监会在京签署《关于加强证券期货监管合作 共同维护金融稳定的备忘录》。

附录2　主要证券期货监管制度

A2.1　证券法律框架

法治是资本市场健康发展的基础和保障。中国资本市场的健康稳步发展，与近年来国家高度重视市场基础性制度建设，尤其是建立健全法律制度体系密不可分。中国证券法律法规体系分三个层次：

第一，法律。法律由全国人民代表大会或其常务委员会制定，除《中华人民共和国宪法》外，在证券法律体系中，证券法律具有最高的法律效力。现行的证券法律包括《中华人民共和国证券法》（以下简称《证券法》）、《中华人民共和国公司法》（以下简称《公司法》）和《中华人民共和国证券投资基金法》（以下简称《基金法》）3部。

- 《证券法》为规范证券发行和交易行为，保护投资者的合法权益，维护社会经济秩序和社会公共利益，促进社会主义市场经济的发展而制定。该法对证券发行、交易[①]、上市信息披露、上市公司收购、禁止交易行为、证券交易所、证券公司和证券服务机构、证券登记结算公司、证券业协会和证券监督管理机构，以及违反该法的法律责任等作出了规定。
- 《公司法》为规范公司的组织和行为，保护公司、股东和债权人的合法权益，维护社会经济秩序，促进社会主义市场经济的发展而制定。该法对公司的设立、合并、分立、增减资、公司治理和组织机构、公司股权转让、股份有限公司的股份发行、公司董事、监事、高级管理人员的资格和义务，以及违反该法的法律责任等作出了规定。上市公司是股票在证券交易场所上市交易的股份有限公司，投资者购买上市公司发行的股票、公司债券，依据《公司法》行使权利、履行义务。
- 《基金法》为规范证券投资基金活动，保护投资人及相关当事人的合法权益，促进证券投资基金和证券市场的健康发展而制定。该法对基金管理人，基金托管人，基金的募集、运作方式、

① 中国境内股票、公司债券和国务院依法认定的其他证券的发行和交易、政府债券和证券投资基金份额的上市交易均适用《证券法》。《证券法》同时规定，证券衍生品种发行、交易的管理办法，由国务院依照《证券法》的原则规定。

组织及信息披露，基金份额持有人权利行使，基金服务机构，基金行业协会，基金的监督管理以及违反该法的法律责任等作出了规定。

第二，行政法规。行政法规由国家最高行政机关——国务院根据《宪法》和有关法律制定，法律效力次于法律。现行的证券行政法规、法规性文件[①]有 20 件，其中，2007 年 3 月 6 日发布的《期货交易管理条例》于 2012 年 10 月 24 日修订发布，旨在规范商品期货、金融期货的交易行为，保护期货交易各方的合法权益和社会公共利益。2008 年 4 月 23 日发布的《证券公司监督管理条例》、《证券公司风险处置条例》，贯彻保护投资者合法权益的理念，对证券公司的规范运行和监管提出了明确要求，为促进证券行业的规范发展提供了有力的法制保障。

第三，部门规章和规范性文件。部门规章和规范性文件由中国证券监督管理机构根据法律和行政法规制定，其法律效力次于法律和行政法规。截至 2012 年底，现行的部门规章有 71 件，如《首次公开发行股票并上市管理办法》、《公司债券发行试点办法》、《证券登记结算管理办法》、《证券期货规章制定程序规定》等。现行有效的证券期货规范性文件合计 448 件。

上述三个层次的规则体系相互联系形成整体，每个居于较低层位的法规制度都是对上一个层位法规制度的具体化和必要补充，形成了涵盖证券发行法律制度、证券期货交易法律制度、证券期货经营与服务机构法律制度、上市公司法律制度、信息披露法律制度、机构投资者法律制度、监督管理与法律责任制度等较健全的证券期货市场法律制度体系。

此外，《物权法》、《刑法》、《企业破产法》、《反洗钱法》、《企业国有资产法》等法律，以及《最高人民法院关于审理证券市场因虚假陈述引发的民事赔偿案件的若干规定》、《最高人民法院关于冻结、扣划证券交易结算资金有关问题的通知》、《最高人民检察院、最高人民法院关于办理内幕交易、泄露内幕信息刑事案件具体应用法律若干问题的解释》等司法解释和司法政策性文件也与资本市场有着紧密的联系，它们共同为资本市场的健康稳定发展、高效安全运营提供了良好的外部法律环境。在对证券期货市场实施监督管理时，中国证监会还遵循《立法法》、《行政许可法》、《行政处罚法》、《行政强制法》、《行政复议法》、《行政诉讼法》等法律的规定。

---

① 法规性文件指国务院及其办公厅制定印发的，不宜以国务院令发布的具有普遍约束力的规范性文件。

A2.2　证券发行及上市监管制度

A2.2.1　境内发行主要制度介绍

中国证券市场上市交易的金融产品包括股票、债券、证券投资基金和股指期货等。根据《证券法》、《公司法》等有关法律法规的规定，首次公开发行股票、公开发行公司债券、上市公司发行新股和可转换公司债券需获得中国证监会的核准，国债、金融债、企业债的发行由其他政府主管部门负责核准；股票、可转换公司债券、公司债券、国债、企业债的上市交易由证券交易所进行核准和监督。

A2.2.1.1　境内证券发行核准制度

中国资本市场是在经济体制转轨背景下诞生和发展起来的，发行体制不可避免地带有时代烙印。资本市场建立初期，限于当时各方面的局限和市场环境，在证券发行管理体制方面实行的是带有很强行政色彩的审批制度。2001 年 3 月以后，证券发行实施核准制，即由公司提出发行申请，保荐机构根据市场需要向中国证监会推荐，中国证监会进行合规性初审后，提交发行审核委员会审核，最终经中国证监会核准后发行。核准制的核心就是监管部门进行合规性审核，以信息披露为中心强化中介机构的责任，加大市场参与各方的行为约束，减少新股发行中的行政干预。

A2.2.1.2　证券发行上市保荐制度

2003 年 12 月，中国证监会发布《证券发行上市保荐制度暂行办法》（证监会令第 18 号），标志着保荐制度的正式建立。2005 年 10 月《证券法》修订时以法律的形式正式确立了这一制度。2008 年 10 月，中国证监会对保荐制度进行了进一步充实和完善，并公布了修订后的《证券发行上市保荐业务管理办法》（以下简称《保荐办法》）（证监会令第 58 号）。2009 年 5 月，根据创业板市场建设的安排，考虑到创业企业的特点及其对保荐业务的独特要求，为更好地发挥保荐制度的作用，强化市场约束和风险控制，对《保荐办法》进行了适当修改（证监会令第 63 号），加强了保荐机构及其保荐代表人对创业板发行上市的责任，修订后的《保荐办法》自 2009 年 6 月 14 日起施行。2012 年，国务院颁布了《关于第六批取消和调整行政审批项目的决定》，取消了保荐代表人注册行政审批，保荐代表人注册交由中国证券业协会进行自律管理。

证券发行上市保荐制是指由保荐机构及其保荐代表人负责发行人证券发行上市的推荐和辅导，经尽职调查核实公司发行文件资料的真实性、准确性和完整性，督促发行人建立严格的信息披露制度。具体来讲主要包括以下内容：(1) 公司发行股票或可转换公司债券须由保荐机构推荐，中国证监会或证券交易所只接受由保荐机构推荐的发行或上市申请文件。(2) 保荐机构及保荐代表人应当尽职调查，对发行或上市申请人的申请文件和信息披露资料进行审慎核查，并对相关文件的真实性、准确性和完整性负连带责任。(3)保荐机构对其推荐的公司上市后的一段期间负有持续督导义务，并对公司督导期间的不规范行为承担责任。(4)保荐机构要建立完备的内部管理制度、内部控制制度和工作底稿制度。(5)中国证监会对保荐机构及其保荐代表人实行持续监管。

保荐制度的核心是对企业发行上市提出了"双保"要求，即企业发行上市必须要由保荐机构进行保荐，并由具有保荐代表人资格的从业人员具体负责保荐工作。这样既明确了机构的责任，也将责任具体落实到了个人。

A2.2.1.3 发行审核委员会制度

发行审核委员会（简称发审委）制度是证券发行核准制的重要组成部分。根据《证券法》、《中国证券监督管理委员会发行审核委员会办法》（以下简称《发审委办法》）（证监会令第31号）以及相关规定，发审委的职责是根据有关法律、行政法规和中国证监会的规定，审核股票发行申请是否符合相关条件；审核保荐机构、会计师事务所、律师事务所、资产评估机构等证券服务机构及相关人员为股票发行所出具的有关材料及意见书；审核中国证监会有关职能部门出具的初审报告；依法对股票发行申请提出审核意见。2009年5月，考虑到创业板主要服务对象是自主创新型企业和其他成长型创业企业，在发行条件、信息披露、持续监管方面较之主板存在差异，需要在统一的发审委制度下，根据不同层次市场的特点设立单独的发审委，因此对《发审委办法》进行了修改（证监会令第62号）。

发审委委员由中国证监会的专业人员和中国证监会外的有关专家组成，由中国证监会聘任，部分发审委委员可以为专职。主板发审委委员25名，其中中国证监会的人员5名，中国证监会以外的人员20名；创业板发审委委员35名，其中中国证监会的人员5名，中国证监会以外的人员30名。发审委以记名投票方式对发行申请进行独立表决，提出审核意见；中国证监会依照法定条件和法定程序作出予以核准或者不予核准股票发行申请的决定。

发审委会议程序分为普通程序和特别程序。发行人公开发行股票申请和可转换公司债券等证监会认可的其他公开发行证券申请，适用普通程序。普通程序应在发审委会议召开5日前通知参会委员，递送发行人相关材料，并在中国证监会网站上公布发行人名单、会议时间、发审委委员名单等，每次参加普通程序审核的委员共7名，表决投票时同意票数达5票为通过，未达到5票为未通过，中国证监会在网站上公布表决结果。上市公司非公开发行股票申请、公司债券发行申请和中国证监会规定的其他非公开发行证券申请，适用特别程序，本程序应在发审委会议召开前通知参会委员，递送申请材料，每次参加发审委会议的委员共5名，表决投票时同意票数达到3票为通过，未达到3票为未通过，中国证监会不公布发审委会议审核的发行人名单、会议时间、参会委员名单和表决结果。

发审委制度通过不断提高透明度，强化发审委委员的专家功能，加大发审委委员的审核责任，使发审委审核在贯彻"三公"原则、把好上市公司准入关等方面发挥了积极作用。

A2.2.1.4 询价制度

A股市场IPO定价方式正逐步实现从行政定价向市场化定价转变。2005年1月，A股IPO开始试行询价制度，初步建立了市场化的定价机制。2006 年 9 月，中国证监会发布了《证券发行与承销管理办法》（以下简称《发行与承销办法》）（证监会令第 37 号），进一步完善了 IPO 询价制度。2010 年 10 月，中国证监会对《发行与承销办法》进行了修改（证监会令第 69 号），自 2010 年 11 月 1 日起施行。2012 年 5 月 18 日，中国证监会进一步修订《发行与承销办法》（证监会令第 78 号），自 2012 年 5 月 18 日起实施。

首次公开发行股票，可以通过向询价对象询价的方式确定股票发行价格，也可以通过发行人与主承销商自主协商直接定价等其他合法可行的方式确定发行价格。询价对象包括符合条件的基金管理公司、证券公司、信托公司、财务公司、保险机构、合格境外机构投资者、主承销商自主推荐的机构和个人投资者等。采用询价方式定价的，发行人和主承销商可以根据初步询价结果直接确定发行价格，也可以通过初步询价确定发行价格区间，在发行价格区间内通过累计投标询价确定发行价格。

A 2.2.1.5　首次公开发行 A 股并在主板上市制度

2005 年 10 月修订的《证券法》第 13 条在法律层面原则规定了在境内公开发行新股需具备的基本条件，即：(1) 具备健全且运行良好的组织机构；(2) 具有持续盈利能力，财务状况良好；(3) 最近三年财务会计文件无虚假记载，无其他重大违法行为；(4) 经国务院批准的国务院证券监督管理机构规定的其他条件。

2006 年 5 月中国证监会发布的《首次公开发行股票并上市管理办法》及其后发布的配套规则对首次公开发行 A 股的条件、发行程序及信息披露要求进行了规范。首次公开发行股票需符合五个方面条件：

◆ **主体资格**。发行人应当是依法设立且合法存续的股份有限公司。除经国务院批准外，自股份公司成立后发行人持续经营时间应当在 3 年以上。发行人注册资本已足额缴纳。发行人的生产经营符合法律、行政法规和公司章程的规定，符合国家产业政策。发行人最近 3 年内主营业务和董事、高级管理人员没有发生重大变化，实际控制人没有发生变更。发行人的股权清晰。

◆ **独立性**。即人员独立、财务独立、业务独立于控股股东和实际控制人及其控制的其他企业，资产完整。

◆ **规范运行**。发行人已经依法建立健全股东大会、董事会、监事会、独立董事、董事会秘书制度，相关机构和人员能够依法履行职责。发行人的董事、监事和高级管理人员符合法律、行政法规和规章规定的任职资格。发行人在最近 36 个月不得有重大违法、违规记录。发行人的公司章程中已明确对外担保的审批权限和审议程序。发行人有严格的资金管理制度。

◆ **财务与会计**。发行人资产质量良好，资产负债结构合理，盈利能力较强，现金流量正常。发行人的内部控制在所有重大方面是有效的，并由注册会计师出具了无保留结论的内部控制鉴证报告。发行人会计基础工作规范，并由注册会计师出具了无保留意见的审计报告。发行人还应当具备如下财务指标条件：(1) 最近 3 个会计年度净利润均为正数且累计超过人民币 3 000 万元，净利润以扣除非经常性损益前后较低者为计算依据；(2) 最近 3 个会计年度经营活动产生的现金流量净额累计超过人民币 5 000 万元；或者最近 3 个会计年度营业收入累计超过人民币 3 亿元；（3）发行前股本总额不少于人民币 3 000 万元；（4）最近一期末无形资产（扣除土地使用权、水面养殖权和采矿权等后）占净资产的比例不高于 20%；（5）最近一期末不存在未弥补亏损。发行人依法纳税，经营成果对税收优惠不存在严重依赖。发行人不存在重大偿债风险，不存在影响持续经营的担保、诉讼以及仲裁等重大或有事项。发行人不得有影响持续盈利能力的情形。

- **募集资金运用**。募集资金应当有明确的使用方向，原则上应当用于主营业务。募集资金数额和投资项目应当与发行人现有生产经营规模、财务状况、技术水平和管理能力等相适应。募集资金投资项目应当符合国家产业政策、投资管理、环境保护、土地管理以及其他法律、法规和规章的规定。发行人董事会应当对募集资金投资项目的可行性进行认真分析，确信投资项目具有较好的市场前景和盈利能力。募集资金投资项目实施后，不会产生同业竞争或者对发行人的独立性产生不利影响。发行人应当建立募集资金专项存储制度，募集资金应当存放于董事会决定的专项账户。

A 2.2.1.6 首次公开发行股票并在创业板上市制度

2009 年 3 月，中国证监会发布了《首次公开发行股票并在创业板上市管理暂行办法》（以下简称《暂行办法》）。创业板作为多层次资本市场体系的重要组成部分，旨在促进自主创新企业及其他成长型创业企业的发展。

在股票发行条件上，创业板与主板相比，在财务与会计方面存在较大的不同。根据《暂行办法》，创业板首次公开发行股票需符合以下财务与会计方面的条件：（1）最近 2 年连续盈利，最近 2 年净利润累计不少于 1 000 万元，且持续增长；或者最近 1 年盈利，且净利润不少于 500 万元，最近一年营业收入不少于 5 000 万元，最近 2 年营业收入增长率均不低于 30%。净利润以扣除非经常性损益前后孰低者为计算依据。（2）最近一期末净资产不少于 2 000 万元，且不存在未弥补亏损。（3）发行后股本总额不少于 3 000 万元。发行人依法纳税，经营成果对税收优惠不存在严重依赖。发行人不存在重大偿债风险，不存在影响持续经营的担保、诉讼以及仲裁等重大或有事项。发行人应当具有持续盈利能力，不存在以下情形：（1）发行人的经营模式、产品或服务的品种结构已经或者将发生重大变化，并对发行人的持续盈利能力构成重大不利影响；（2）发行人的行业地位或发行人所处行业的经营环境已经或者将发生重大变化，并对发行人的持续盈利能力构成重大不利影响；（3）发行人在用的商标、专利、专有技术、特许经营权等重要资产或者技术的取得或者使用存在重大不利变化的风险；（4）发行人最近一年的营业收入或净利润对关联方或者有重大不确定性的客户存在重大依赖；（5）发行人最近一年的净利润主要来自合并财务报表范围以外的投资收益；（6）其他可能对发行人持续盈利能力构成重大不利影响的情形。

2010 年 3 月，中国证监会发布《关于进一步做好创业板推荐工作的指引》，明确保荐机构应重点推荐符合国家战略性新兴产业发展方向的企业，特别是新能源、新材料、信息、生物与新医药、节能环保、航空航天、海洋、先进制造、高技术服务等领域的企业，以及其他领域中具有自主创新能力、成长性强的企业。保荐机构推荐下列领域的企业，应当就该企业是否符合创业板定位履行严格的核查论证程序，并在发行保荐书和保荐工作报告中说明论证过程和论证结论，尤其应当重点论述企业在技术和业务模式方面是否具有突出的自主创新能力，是否有利于促进产业结构调整和技术升级：（一）纺织、服装；（二）电力、煤气及水的生产供应等公用事业；（三）房地产开发与经营，土木工程建筑；（四）交通运输；（五）酒类、食品、饮料；（六）金融；（七）一般性服务业；（八）国家产业政策明确抑制的产能过剩和重复建设的行业。

中国证监会对保荐机构的论证过程是否科学、依据是否充分、结论是否合理履行专家评议程序，根据评议意见决定是否受理该企业的申请，评议及受理情况作为对保荐机构和保荐代表人执业能力及其是否勤勉尽责的考核依据。

A2.2.1.7　上市公司再融资制度

上市公司再融资一般是指境内上市公司在境内证券市场进行再次融资的行为。目前上市公司可通过增发、配股、非公开发行股票、可转换公司债券、认股权证和债券分离交易的可转换公司债券以及公司债券进行再融资。此外，发行境外上市外资股的境内股份有限公司可在境内证券市场发行公司债券，上市公司股东可申请发行可交换债券。中国证监会发布了《上市公司证券发行管理办法》（证监会令第30号）、《公司债券发行试点办法》（证监会令第49号）、《上市公司股东发行可交换公司债券试行规定》（证监会公告［2008］41号）及上述规章规范性文件的配套规则，对再融资的发行条件、发行程序及信息披露等进行了规范。

上市公司需达到一定的收益率指标和净资产指标以及其他的规定才能实行再融资方案：

- **增发**。上市公司向不特定对象公开募集股份（以下简称增发），应当符合下列规定：（1）最近3个会计年度加权平均净资产收益率平均不低于6%。扣除非经常性损益后的净利润与扣除前的净利润相比，以低者作为加权平均净资产收益率的计算依据。（2）除金融类企业外，最近一期末不存在持有金额较大的交易性金融资产和可供出售的金融资产、借予他人款项、委托理财等财务性投资的情形。（3）发行价格应不低于公告招股意向书前20个交易日公司股票均价或前一个交易日的均价。
- **配股**。向原股东配售股份（以下简称配股），应当符合下列规定：（1）拟配售股份数量不超过本次配售股份前股本总额的30%。（2）控股股东应当在股东大会召开前公开承诺认配股份的数量。（3）采用证券法规定的代销方式发行。（4）控股股东不履行认配股份的承诺，或者代销期届满，原股东认购股票的数量未达到拟配售数量70%的，发行人应当按照发行价并加算银行同期存款利息返还已经认购的股东。
- **非公开发行股票**。上市公司采用非公开方式，向特定对象发行股票，应当符合下列规定：（1）发行价格不低于定价基准日前20个交易日公司股票均价的90%。（2）本次发行的股份自发行结束之日起，12个月内不得转让；控股股东、实际控制人及其控制的企业认购的股份，36个月内不得转让。（3）本次发行将导致上市公司控制权发生变化的，还应当符合中国证监会的其他规定。非公开发行股票的发行对象不得超过10名。发行对象为境外战略投资者的，应当经国务院相关部门事先批准。

◆ **可转换公司债券**。公开发行可转换公司债券的公司，应当符合下列规定：（1）最近3个会计年度加权平均净资产收益率平均不低于6%。扣除非经常性损益后的净利润与扣除前的净利润相比，以低者作为加权平均净资产收益率的计算依据。（2）本次发行后累计公司债券余额不超过最近一期末净资产额的40%。（3）最近3个会计年度实现的年均可分配利润不少于公司债券1年的利息。可转换公司债券的期限最短为1年，最长为6年。

◆ **认股权和债券分离交易的可转换公司债券**。公开发行分离交易的可转换公司债券，除应符合前述可转换公司债券的条件，还应当符合下列规定：（1）公司最近一期末经审计的净资产不低于人民币15亿元。（2）最近3个会计年度实现的年均可分配利润不少于公司债券1年的利息。（3）最近3个会计年度经营活动产生的现金流量净额平均不少于公司债券1年的利息，或者最近3个会计年度加权平均净资产收益率平均不低于6%。扣除非经常性损益后的净利润与扣除前的净利润相比，以低者作为加权平均净资产收益率的计算依据。（4）本次发行后累计公司债券余额不超过最近一期末净资产额的40%，预计所附认股权全部行权后募集的资金总量不超过拟发行公司债券金额。分离交易的可转换公司债券的期限最短为1年。

◆ **公司债券**。在沪深证券交易所上市的公司及发行境外上市外资股的境内股份有限公司可以申请发行公司债券，即纯A股公司、H股公司和B股公司，均可以申请发行公司债券。公开发行公司债券，应当符合下列规定：（1）最近3个会计年度实现的年均可分配利润不少于公司债券1年的利息。（2）本次发行后累计公司债券余额不超过最近一期末净资产额的40%。金融类公司的累计公司债券余额按金融企业的有关规定计算。（3）经资信评级机构评级，债券信用级别良好。公司债券最短期限为1年，最长期限未作限定。

◆ **可交换公司债券**。上市公司的股东可以发行在一定期限内依据约定的条件可以交换成该股东所持有的上市公司股份的公司债券。

公开发行可转换公司债券、分离交易的可转换公司债券、公司债券以及上市公司股东发行的可交换公司债券，其利率由发行人与主承销商协商确定，但必须符合国家的有关规定。同时，均应当委托经中国证监会认定、具有从事证券服务业务资格的资信评级机构进行信用评级，在债券有效存续期间，资信评级机构每年至少公告一次跟踪评级报告。

A 2.2.1.8 创业板上市公司非公开发行公司债制度

创业板上市公司申请非公开发行公司债券，执行《公司债券发行试点办法》（证监会令第49号）的有关规定，符合规定的公司可依照程序向中国证监会报送申请文件。创业板上市公司非公开发行公司债券的转让执行深圳证券交易所的有关业务规则。

A 2.2.2 境外发行上市监管制度

《证券法》第238条规定，境内企业直接或者间接到境外发行证券或者将其证券在境外上市交易，必须经国务院证券监督管理机构依照国务院的规定批准。境内企业到境外上市具体可分为两类：

◆ **境内注册的股份有限公司发行境外上市外资股并到境外上市**。此类公司到境外发行股票均由中国证监会核准，相关规定包括《国务院关于股份有限公司境外募集股份上市的特别规定》、《到境外上市公司章程必备条款》、《关于股份有限公司境外发行股票和上市申报文件及审核程序的监管指引》、《境内企业申请到香港创业板上市审批与监管指引》、《关于境外上市公司非境外上市股份集中登记存管有关事宜的通知》等。

◆ **境外注册的中资控股上市公司（即红筹股公司）**。此类公司在境外上市视情况需取得中国证监会的核准或事后到中国证监会备案。相关的规定包括《国务院关于进一步加强在境外发行股票和上市管理的通知》、《关于外国投资者并购境内企业的规定》等。

中国证监会依法对申请到境外公开发行股票及上市企业的申请材料进行审查，在审核过程中，可就涉及的产业政策、利用外资政策和固定资产投资管理规定等有关事宜征求投资主管部门或其他有关部门的意见。

A2.3　证券交易结算及市场监管制度

A2.3.1　证券交易制度

中国的证券交易主要采用会员制组织形式和集中交易方式。上海证券交易所（以下简称上交所）、深圳证券交易所（以下简称深交所）为集中交易提供场所和设施，投资者通过委托证券交易所的会员参与证券买卖，会员可通过人工方式或电话、自助终端、互联网等自助委托方式受理并执行客户的委托买卖指令。上交所、深交所分别制定《上海证券交易所交易规则》、《深圳证券交易所交易规则》并报中国证监会批准，交易所根据市场的发展经证监会批准后不定期修订其《交易规则》。

◆ **委托方式**。投资者采用限价委托或市价委托的方式委托会员买卖证券。限价委托指客户要求按其限定的价格买卖证券，会员必须按限价或低于限价买入证券，按限价或高于限价卖出证券。市价委托指客户的申报指令只给出买卖数量，而不给出具体的交易价格，要求会员按市场价格买卖证券。

◆ **交易时间**。上交所、深交所交易日为每周一至周五（国家规定的法定节假日除外）。交易时间为每个交易日的9：30至11：30、13：00至15：00。另外，9：15至9：25为开盘集合竞价时间，大宗交易时间延长至15：30。集合竞价是指对一段时间内接受的买卖申报一次性集中撮合的竞价方式。连续竞价是指对买卖申报逐笔连续撮合的竞价方式。

◆ **交易规则**。证券交易按价格优先、时间优先的原则撮合成交。成交时价格优先的原则为：较高价格买进申报优先于较低价格买进申报，较低价格卖出申报优先于较高价格卖出申报。成交时时间优先的原则为：买卖方向、价格相同的，先申报者优先于后申报者。买卖申报经交易主机撮合成交后，交易即告成立，成交结果以证券交易所指定的登记结算机构发送的结算数据为准。

◆ **涨跌幅制度**。上交所、深交所 1996 年 12 月 16 日起对股票、基金交易实行价格涨跌幅限制，涨跌幅比例为 10%，其中 ST 和 * ST 股票价格涨跌幅比例为 5%。退市整理期间股票价格的涨跌幅限制为 10%。上海市场对首次公开发行上市的股票和封闭式基金、增发上市的股票、暂停上市后恢复上市的股票和退市后重新上市的股票首个交易日等情形不实行价格涨跌幅限制；深圳市场对首次公开发行上市的股票和暂停上市后恢复上市的股票首个交易日等情形不实行价格涨跌幅限制。制定股票价格涨跌幅制度的目的是防止股价剧烈波动，维护证券市场的稳定，保护中小投资者的利益。

◆ **信息发布**。每个交易日证券交易所会发布证券交易即时行情、证券指数、证券交易公开信息等交易信息。开盘集合竞价期间，即时行情内容包括：证券代码、证券简称、前收盘价、开盘参考价格、匹配量和未匹配量等。连续竞价期间即时行情内容包括：证券代码、证券简称、前收盘价、最新成交价、当日最高价、当日最低价、当日累计成交数量、当日累计成交金额、实时最高 5 个价位买入申报价和数量、实时最低 5 个价位卖出申报价和数量等。

A 2.3.2 证券登记结算制度

中国证券登记结算业务采取全国集中统一的运营方式，由证券登记结算机构依法集中统一办理。具体来讲，中国证券登记结算有限责任公司负责证券交易所上市证券的登记、存管、清算和交收。目前，中国已经建立了一整套完整的登记结算风险控制体系，有效防范了系统风险。在证券市场快速发展，登记结算系统业务处理量巨大的情况下，登记结算系统依然保持了平稳运行。

◆ **证券账户实名制**。投资者开立证券账户应当向证券登记结算机构或其授权的开户代理机构提出申请，投资者应当保证其提交的开户申请资料真实、准确、完整。投资者不得将本人的证券账户提供给他人使用。目前可以开立证券账户的投资者包括中国公民、中国法人、中国合伙企业及法律、行政法规、中国证监会规章规定的其他投资者。

◆ **货银对付原则**。货银对付原则指证券登记结算机构与结算参与人在交收过程中，当且仅当资金交付时给付证券、证券交付时给付资金。证券登记结算机构采取多边净额结算方式的，根据业务规则，作为结算参与人的共同对手方，按照货银对付原则办理，并辅以限制卖空的证券前端控制、全额保证金、客户交易结算资金第三方存管、结算备付金等配套措施，防范结算风险。

◆ **净额结算原则**。证券交易所达成的大多数证券交易均采取多边净额结算方式。证券登记结算机构采取多边净额结算方式的，应当根据业务规则，作为结算参与人的共同对手方，按照货银对付原则，以结算参与人为结算单位办理清算交收。

◆ **结算参与人制度**。证券公司参与证券和资金的集中清算交收，应当向证券登记结算机构申请取得结算参与人资格，与证券登记结算机构签订结算协议，明确双方的权利义务。没有取得结算参与人资格的证券公司，应当与结算参与人签订委托结算协议，委托结算参与人代其进行证券和资金的集中清算交收。通过对结算参与人实行准入制度，制定风险控制和财务指标要求，证券登记结算机构可以有效控制结算风险，维护结算系统安全。

- **分级结算制度**。证券结算实行分级结算制度，即证券登记结算机构负责办理证券登记结算机构与结算参与人之间的集中清算交收；结算参与人负责办理该参与人与其客户之间的清算交收。

A2.3.3　市场监控制度

中国证监会及其派出机构、证券交易所按照分工协作的原则共同负责中国证券市场的监控工作，重点打击内幕交易和市场操纵等违法违规行为。

在此监控制度下，上交所、深交所负责证券市场的一线监控，通过其建立的监控系统实时盯盘，及时发现并查处异常交易，案情较重大的提请中国证监会调查处理；中国证监会负责指导交易所市场监察工作，在日常监管中及时发现违法违规行为的线索，依法对涉嫌内幕交易或市场操纵等行为采取调查处理措施。中国证监会有关部门对于交易所提交的报告，综合各方面信息进行分析研判，对于涉嫌内幕交易、市场操纵等违法违规行为的，由稽查部门进一步调查。

A2.4　上市公司监管制度

A2.4.1　上市公司信息披露

信息披露制度，也称公示制度、公开披露制度，是上市公司及其信息披露义务人依照法律规定必须将其自身的财务变化、经营状况等信息和资料向社会公开或公告，以便使投资者充分了解情况的制度。它既包括发行前的披露，也包括上市后的持续信息公开。目前，中国证券市场已基本建立了以《证券法》、《公司法》和《上市公司信息披露管理办法》为主体，相关规范性文件为补充的全方位、多层次的上市公司信息披露制度。该制度借鉴了国际通行的规范，披露标准较高，从原则性规范到操作性规范，从信息披露的内容、形式到手段，都基本达到了成熟市场水平。

上市公司披露的信息按照其内容可以分为证券招股说明书（发行信息）、定期报告和临时报告三大类。

A2.4.1.1　招股说明书

公司在首次公开发行股票和上市后再融资时，都要披露招股说明书。为使投资者对公司情况能有较为全面的了解，证监会分别制定了首次公开发行和再融资招股说明书的内容与格式指引，对公司信息披露内容提出了具体要求。

A2.4.1.2　定期报告

上市公司定期报告包括年度报告、半年度报告和季度报告：

◆ **年度报告**。根据法律法规规定，上市公司应当在每一会计年度结束之日起4个月内披露年度报告。年度报告至少包括以下内容：公司简介，会计数据和财务指标摘要，董事会报告，公司重要事项，股份变动及股东情况，董事、监事、高级管理人员和员工情况，公司治理，内部控制，公司财务报告等。年度报告中的财务报告应当经具有证券、期货相关业务资格的会计师事务所审计。

◆ **半年度报告**。上市公司应当在每一会计年度的上半年结束之日起2个月内披露半年度报告。半年度报告至少包括以下内容：公司基本情况，股本变动及主要股东持股情况，董事、监事、高级管理人员情况，管理层讨论与分析，公司重大事项，公司财务报告。

◆ **季度报告**。上市公司应当在会计年度前3个月、9个月结束后的1个月内披露季度报告。季度报告披露公司主要财务数据及管理层讨论与分析的内容。半年度报告和季度报告均不需要经具有证券、期货相关业务资格的会计师事务所审计。

A 2.4.1.3 临时报告

发生可能对上市公司证券及其衍生品种交易价格产生较大影响的重大事件，上市公司应及时披露临时报告，说明事件起因、目前状态及可能产生的影响。重大事件包括：公司的经营方针对经营范围的重大变化；公司的重大投资行为和重大购置财产决定；公司订立重要合同；公司发生重大亏损；公司董事、1/3以上监事或者经理发生变动；持有公司5%以上股份的股东或者实际控制人，其持有股份或者控制公司的情况发生较大变化；公司减资、合并、分立、解散及申请破产的决定；公司涉嫌犯罪被有关机关调查等。

A 2.4.2 上市公司治理

中国证监会为推动上市公司完善治理结构，增强透明度，提高规范化运作水平，出台了一系列法律法规，采取了多项有效措施，基本建立起了上市公司治理的制度框架。公司治理概念已得到社会的广泛接受与认同，上市公司治理结构也得到明显改善，规范运作水平有了很大提高。

中国证监会对上市公司治理结构的监管要求主要体现在2002年1月发布的《上市公司治理准则》（以下简称《准则》）。《准则》阐明了中国上市公司治理的基本原则、投资者权利保护的实现方式，以及上市公司董事、监事、经理等高级管理人员所应当遵循的基本行为准则和职业道德。《准则》要求上市公司公平对待所有股东；上市公司可采取代理投票制与累计投票制保护中小股东权益；要求上市公司完全独立于其母公司；关联交易必须公平而透明；提倡股东积极主义，提倡机构投资者积极参与等。

A 2.4.2.1 独立董事制度

根据《准则》及《关于在上市公司建立独立董事制度的指导意见》[①]（2001年8月16日颁布实施），境内上市公司应建立独立董事制度；上市公司的独立董事应至少占董事会成员的1/3，

---

① 《上市公司治理准则》的中文全文可登陆中国证监会的网站：www.csrc.gov.cn/n575458/n776436/n804965/n3300690/n3300837/n3330750/3330844.html；《关于在上市公司建立独立董事制度的指导意见》的中文全文可登陆中国证监会的网站（www.csrc.gov.cn/n575458/n575742/n2529771/256242.html）。

且其中至少包括一名会计专业人士；如上市公司董事会下设薪酬、审计、提名等专门委员会，独立董事应占多数并担任召集人；独立董事应对上市公司重大事项发表独立意见，重大事件包括提名或任免董事、聘任或解聘高级管理人员、公司董事和高级管理人员的薪酬、重大关联交易（指上市公司拟与关联人达成的总额高于300万元或高于上市公司最近经审计净资产值的5%的关联交易）、独立董事认为可能损害中小股东权益的事项等。

A 2. 4. 2. 2　内部控制制度

财政部和中国证监会等五部委联合发布了《企业内部控制基本规范》及其配套指引（以下简称企业内部控制规范体系），有助于上市公司切实提高透明度，增强经营管理水平和风险管控能力，有效促进资本市场持续、健康发展。为保证2012年所有主板上市公司内部控制建设取得实效，2012年8月，财政部会同中国证监会决定，上海、深圳证券交易所主板上市公司可以根据公司治理基础、市值规模、业务成熟度、盈利能力等方面的差异情况，分类分批实施企业内部控制规范体系。

2012年，中国证监会积极推进上市公司内部控制监管工作，年初进行了工作部署，年中修订上市公司年报准则，新增了上市公司内部控制信息披露要求，同时持续开展上市公司内部控制专项培训，通过加强现场检查，切实督促上市公司建立健全企业内部控制规范体系。下一步，证监会将继续研究中小板和创业板上市公司实施企业内部控制规范体系的条件和时机。

A 2. 4. 2. 3　股权激励机制

为进一步促进上市公司建立、健全激励和约束机制，中国证监会颁布了《上市公司股权激励管理办法（试行）》，并于2006年1月1日起施行。根据该办法，上市公司股权激励的主要方式为限制性股票和股票期权；股权激励计划的激励对象不应当包括独立董事；上市公司全部有效的股权激励计划所涉及的标的股票总数累计不得超过公司股本总额的10%；董事会审议通过股权激励计划后，上市公司应将有关材料报中国证监会备案，同时抄送证券交易所及公司所在地证监局，在中国证监会未提出异议的情况下，上市公司可以发出召开股东大会的通知，审议并实施股权激励计划。为进一步规范上市公司股权激励行为，2008年3月17日和9月16日，中国证监会又陆续发布了股权激励相关事项备忘录1、2和3号，对股权激励计划的激励对象、股份来源、行权指标、行权或解锁安排、预留股份、会计处理等作出明确规定。

A 2. 4. 3　并购重组

A 2. 4. 3. 1　上市公司收购制度

上市公司的收购，一般是指取得或巩固对上市公司的控制权，包括：投资者通过直接收购上市公司的股份成为上市公司的控股股东，或者虽不是上市公司股东，但通过直接或间接方式取得对上市公司的控制权的行为。根据现行《证券法》，中国证监会已出台的上市公司收购的监管规章主要是《上市公司收购管理办法》（以下简称《收购办法》）和配套的细则。

- **《上市公司收购管理办法》等相关规则**。中国证监会于2002年9月发布了《上市公司收购管理办法》和《上市公司股东持股变动信息披露管理办法》，上述办法施行后，上市公司收购和相关权益变动在总体上得到了有效规范，但实践中也出现了某些有意规避监管的控制权转移行为（例如签订先行转让表决权的股权托管协议），为此，中国证监会于 2004 年 7 月发布了《关于规范上市公司实际控制权转移行为有关问题的通知》，及时填补了监管漏洞。2005 年《公司法》、《证券法》的修订，对上市公司收购的有关机制作出了明确调整。根据股权分置改革后市场的新变化，中国证监会对《收购办法》及相关规则进行了修订，于 2006 年 7 月 31 日正式发布，2006 年 9 月 1 日起实施。新《收购办法》充分体现了鼓励上市公司收购的立法精神，将原来的强制性全面要约收购制度调整为强制性要约制度，并且为收购人增加了以证券支付收购价款的收购工具，从而降低收购成本，有利于活跃上市公司收购活动，同时充分发挥财务顾问对收购人事前把关、事后持续督导的作用，简化中国证监会审核程序、提高市场效率。由此，中国证监会对上市公司收购活动的监管机制发生了两个根本性变化：一是从中国证监会直接监管下的全面要约收购，转变为财务顾问把关下的部分要约收购；二是从完全依靠中国证监会的事前监管，转变为中国证监会适当的事前监管与重点强化事后监管相结合。2007 年第四季度以后，为维护市场稳定，进一步引导和规范上市公司控股股东增持股份的行为，中国证监会于 2008 年 8 月 27 日发布了《关于修改〈上市公司收购管理办法〉第六十三条的决定》，对于上市公司持股 30% 以上的大股东一年内在二级市场增持 2% 以内的股份，由事前核准调整为事后报备，增加了增持制度的灵活性。为进一步放松管制，提高控制权市场效率，2012 年 2 月 14 日，中国证监会发布了《关于修改〈上市公司收购管理办法〉第六十二条及第六十三条的决定》，取消四项豁免要约收购义务的行政许可。

◆ **国有股权和外资收购的特别规定**。上市公司收购，按照收购主体的性质还可进一步分为外资收购、国有股转让等类别。针对这些特定类型的并购活动，证监会也适时制定了专门规章或规范性文件，明确了相关配套监管机制。证监会于 2001 年 10 月与原外经贸部联合发布了《关于上市公司涉及外商投资有关问题的若干意见》。随着外资并购的日益活跃，为进一步配合执行国家的对外开放、外资准入和相关产业政策，规范外资并购活动，证监会先后于 2002 年 11 月与财政部、原经贸委联合发布了《关于向外商转让上市公司国有股和法人股有关问题的通知》，2005 年 12 月与商务部、税务总局、工商总局、外汇局联合发布了《外国投资者对上市公司战略投资管理办法》，2006 年 8 月与商务部、国资委、税务总局、工商总局联合发布了《关于外国投资者并购境内企业的规定》。根据上述特别规定，外国投资者对上市公司进行战略投资或者收购，均须先获得商务部的批准；涉及上市公司并购行政许可事项的，还须依法报证监会核准。另一方面，为规范股权分置改革后的国有单位转让和受让上市公司股权的相关活动，中国证监会与国资委于 2007 年 6 月联合发布了《国有股东转让所持上市公司股份管理暂行办法》、《上市公司国有股东标识管理暂行规定》，要求通过证券交易系统转让所持股份的须遵守特定的时间和数量限制标准，通过协议方式转让的须履行特定信息披露和公开征集受让方程序，并向国资管理部门申报批准。

A2.4.3.2　上市公司重大资产重组

依据《证券法》和《公司法》，证监会于2008年4月发布了《上市公司重大资产重组管理办法》（简称《重组办法》）。该办法与《收购办法》共同构成了中国上市公司并购重组活动的基本制度框架。《重组办法》主要内容包括：

◆ 优化重大资产重组的财务计算指标，在原指标基础上细化净资产额的计算指标。交易的成交金额达到资产净额的50以上且超过5000万元的，为重大重组。

◆ 细化构成重大重组的资产交易方式，包括资产购买和出售行为等，并将上市公司的控股子公司所进行的资产交易纳入监管范围，以减少监管盲点。

◆ 对上市公司以发行股份作为支付方式向特定对象购买资产的行为作了具体规范，以更好地规范和引导市场创新；

◆ 依据审慎监管原则确立主动监管机制。对未达到重大重组标准、但存在重大问题可能损害上市公司或者投资者合法权益或者蓄意规避监管的资产交易，证监会发现后有权要求公司披露补充相关信息、责令其暂停交易。

中国证监会于2011年8月1日发布了《关于修改上市公司重大资产重组与配套融资相关规定的决定》，明确规定了借壳上市的监管范围、监管条件和监管方式，完善了发行股份购买资产的制度规定，同时还明确在控制权不发生变更情况下，可向非关联方发行股份购买资产，为上市公司横向或纵向并购提供了便利手段。

A2.4.3.3　财务顾问管理制度

为了充分发挥财务顾问在上市公司并购重组中的积极作用，促使上市公司规范运作，保护投资者的合法权益，证监会2008年7月4日发布了《上市公司并购重组财务顾问业务管理办法》（以下简称《财务顾问办法》）。《财务顾问办法》主要规定了证券公司、证券投资咨询机构以及其他财务顾问机构从事上市公司并购重组财务顾问业务的资格许可条件、财务顾问及财务顾问主办人的职责及工作程序、对财务顾问及财务顾问主办人的不当执业或违法违规行为的监管措施和处罚等内容。

《财务顾问办法》明确了财务顾问应当履行的6项基本职责，包括尽职调查、提供专业化服务、规范化运作辅导、发表专业意见、组织协调和持续督导，规定了财务顾问应履行的工作程序和内控制度要求。通过尽职调查制度、内核机构审查、内部报告、内部检查及保留完整工作档案的规定，确保财务顾问及财务顾问主办人切实履行职责；要求内核机构必须独立于财务顾问业务部门，保证内部管理应有的制衡和风险控制。

A2.5 非上市公众公司监管制度

2012年9月28日，中国证监会发布了《非上市公众公司监督管理办法》，在监管理念上，一是强化信息披露，建立统一的信息披露规范要求，保证投资者的知情权，使其能够及时、准确地获取投资信息；二是强化公司治理和规范运作，引导并推动公司在法律法规框架下健全公司治理机制，依法实行自治，保护投资者的合法权益。在监管原则上：一是放松行政管制，简化许可程序。二是强化公司自治，发挥中介机构作用。三是严格防范风险。四是实行分层管理。五是明确监管边界，构建综合监管体系。《监管办法》共有八章六十三条，具体包括总则、公司治理、信息披露、股票转让、定向发行、监督管理、法律责任和附则。主要内容如下：

非上市公众公司的范围与总体要求。非上市公众公司是指有下列情形之一且其股票未在证券交易所上市交易的股份有限公司：一是股票向特定对象发行或者转让导致股东累计超过200人的公司；二是股票以公开方式向社会公众公开转让的公司。非上市公众公司股票应当在中国证券登记结算有限责任公司办理集中登记存管，股票公开转让应在依法设立的证券交易场所进行，从根本上防范非法发行和转让股票等现象。

公司治理。针对非上市公众公司特点，要在适度监管的基础上，引导并推动公司在《公司法》、《证券法》等法律法规框架下健全治理机制，依法实行“自治”公司的经营管理，包括风险控制、经营活动、纠纷解决等行为依照相关法律和公司章程进行。一是兼顾非上市公众公司特点和监管实际需要，对非上市公众公司治理作出原则性规定，并将通过制定公司章程必备条款，引导其健全公司治理机制。二是突出保护股东的合法权益，要求董事会对公司治理机制是否保证所有股东享有充分、平等的权利进行讨论和评估，要求公司按照法律规定并结合公司的实际情况在章程中约定表决权回避制度。三是促进公司依法自治，要求公司在章程中约定股东间矛盾和纠纷解决机制，并支持股东通过仲裁、调解、民事诉讼等司法途径主张其合法权益。

信息披露。信息披露是非上市公众公司的基本义务和责任，也是监管部门对其进行监管的重点。鉴于此类公司规模较小，信息披露要求应重点突出，在满足投资者信息需求的前提下，体现两方面特点。一是降低信息披露成本，在披露内容上，强化投资者关心的公司核心信息；在披露频率上，只要求年度和半年度报告，不要求披露季度报告；在披露方式上，不要求在报刊上进行披露。二是实行分层次的信息披露监管，对公开转让和定向发行的公司要求披露公开转让说明书或者定向发行说明书、年度和半年度报告，对因其股票向特定对象转让导致股东累计超过200人的公司，仅要求简要披露定向转让说明书和年度报告。

股票转让。为兼顾监管的包容性和有效性，对通过股票转让成为非上市公众公司实行分层次的、富有弹性的许可管理。对申请股份公开转让的公司，不设财务指标，不做盈利要求，重点要求治理机制健全、信息披露规范，要求证券公司出具推荐报告、律师事务所出具法律意见书、具有证券期货相关业务资格的会计师事务所出具审计报告，以及证券交易场所出具审查意见。对因其股票向特定对象转让导致股东累计超过200人的公司，不设准入门槛，可在上述情形发生后3个月内向证监会申请核准或者降低股东人数。同时为防止监管套利，不允许其股票公开转让，只能向特定对象以非公开方式协议转让。对未经核准的，将启动打击非法发行股票机制。如果此类公司拟公开转让或定向发行股票，则按照相关规定申请核准。

定向发行。股份公司和非上市公众公司有合理的融资需求，应有适合非上市公众公司特点的融资制度。一是限定发行对象和人数，发行对象仅限于公司股东；公司的董事、监事、高级管理人员、核心员工；符合投资者适当性管理规定的自然人投资者、法人投资者及其他经济组织。二是限定发行方式，只允许定向发行。三是限定发行程序，要求公司提交发行申请前确认发行对象具备相应的风险认知和承受能力，并与之签订充分揭示投资风险的认购协议。四是建立储架发行制度，针对部分企业项目投资分批投入的特点，监管部门一次性核准其发行申请，由公司根据项目需求分次择机募集资金，从而提高资金使用效率，降低公司融资成本，增加公司自主权。五是建立快速融资豁免制度，对定向发行后股东累计不超过200人或者在12个月内发行股票累计融资额低于公司净资产20%的非上市公众公司，不要求其向监管部门申请核准，可自办发行、事后备案，为中小企业小额快速融资建立绿色通道。

监督管理与法律责任。非上市公众公司监管需要调动各方面的力量，有效合作，协同监管。因此，证监会将与国务院有关部门、地方政府建立对非上市公众公司监管的协作机制，并充分发挥证券业协会自律监管的作用。同时要求相关中介机构做好专业核查、持续督导等工作。对非上市公众公司、证券公司和证券服务机构等的违法违规行为，除按《证券法》相关规定进行处罚外，还规定了监管谈话、责令改正、不受理业务申请等监管措施。

A2.6 证券公司监管制度

A2.6.1 业务许可制度

根据《证券法》第125条的规定，经中国证监会批准，证券公司可以经营下列部分或者全部业务：（一）证券经纪业务；（二）证券投资咨询；（三）与证券交易、证券投资活动有关的财务顾问；（四）证券承销与保荐；（五）证券自营；（六）证券资产管理；（七）其他证券业务。其他证券业务包括融资融券、代销金融产品、证券投资基金代销等业务。拟从事上述业务的证券公司需按照《证券法》、《证券公司监督管理条例》、《证券公司业务范围审批暂行规定》等规定，报中国证监会批准后方可从事有关业务。此外，按照《证券公司监督管理条例》第47条的规定，证券公司使用客户资产专项投资于特定目标产品的，应当报中国证监会批准。

A 2.6.2 分类监管制度

在总结近两年证券公司分类监管试行经验的基础上，中国证监会于 2009 年 5 月正式发布《证券公司分类监管规定》（以下简称《规定》），并于 2010 年对《规定》个别条款进行了修订。该《规定》以证券公司风险管理能力为基础，结合公司市场竞争力和持续合规状况，对证券公司进行综合评价，并根据评价分值的高低，将证券公司分为 A（AAA、AA、A）、B（BBB、BB、B）、C（CCC、CC、C）、D、E 等 5 类 11 个级别。

针对不同类别的证券公司，中国证监会实施了扶优限劣、区别对待的监管政策。不同类别的公司缴纳比例不同的投资者保护基金，适用宽严标准不同的风险控制指标；对不同类别的公司，在监管资源分配、现场检查和非现场检查频率等方面有所不同。

分类监管制度取得了积极效果，也得到了行业的普遍认同。一是从制度上确立了证券公司各类风险均须控制在净资本可承受范围内的要求，为动态的风险监测、预警及控制提供了定量标准和操作手段；二是增强了监管工作的针对性、适当性和主动性，有利于抓住重点，合理配置监管资源；三是强化了证券公司的动力和压力，日常财务、风控、合规状态与各自的业务空间、缴费数额、受监管程度直接挂钩，能够持续地发挥激励制约作用；四是促使证券公司把分类监管指标层层分解落实到经营管理的各个环节，将外部监管要求转化为加强风险控制和严格内部管理的具体措施；五是有利于行业新业务、新产品在公平公开的原则和清晰合理的预期下循序渐进，逐步推开，也便于控制创新风险。

A 2.6.3 合规管理制度

2008 年 7 月，中国证监会发布实施了《证券公司合规管理试行规定》，要求证券公司全面建立内部合规管理制度，设立合规总监和合规部门，强化对公司经营管理行为合规性的事前审查、事中监督和事后检查，有效预防、及时发现并快速处理内部机构和人员的违规行为，迅速改进完善内部管理制度。证监会把合规管理的有效性作为评价证券公司的重要指标，以激励其加强自我管理。

实施合规管理制度，是健全证券公司内部约束机制、实现内部约束与外部监管有机互动的重要措施，有利于推动监管机制从行政监管为主向行政监管、行业自律和公司自我约束有机结合转变，持续提升证券公司自我管理、规范发展的能力。

A 2.6.4 净资本为核心的风险监控和预警制度

2006 年 7 月，中国证监会发布《证券公司风险控制指标管理办法》，建立了较为完备的以净资本为核心的风险监管制度。该制度具有三个特点：一是建立了公司业务范围与净资本充足水平动态挂钩的机制。二是建立了公司业务规模与风险资本准备动态挂钩的机制。三是建立了风险资本准备与净资本水平动态挂钩的机制。

2008年6月，中国证监会发布《关于修改〈证券公司风险控制指标管理办法〉的决定》，修改完善了《证券公司风险控制指标管理办法》，调整了净资本计算规则，对长期资产进行了全额扣除，进一步夯实了证券公司的资本水平。提高了有关业务风险资本准备的计算比例，适当扩大了计算范围，以适应市场发展和行业状况的变化。同时要求证券公司建立健全动态的风险控制指标监控机制及压力测试机制，进一步提高证券公司对风险的监测、评估、预警能力。修改完善后的《证券公司风险控制指标管理办法》将有利于进一步完善证券公司风险的监控与防范，促使证券公司在风险可测、可控、可承受前提下进行业务创新，促进证券行业的规范发展。

A2.6.5　客户交易结算资金第三方存管制度

客户交易结算资金第三方存管制度是落实《证券法》“客户的交易结算资金应当存放在商业银行，以每个客户的名义单独立户管理”和《证券公司监督管理条例》关于保护客户资产的有关规定，在原有客户交易结算资金存管制度基础上，按照保障客户资产安全、方便投资者、有利于证券公司业务创新等原则设计和实施的新的客户交易结算资金存管制度。

2004年初，中国证监会即在证券公司风险处置中开始试点第三方存管制度，2006年初在试点基础上对客户资金存管方案进行了改进，2006年7月开始在所有证券公司中推行。证券公司在接受客户委托，承担申报、清算、交收责任的基础上，在多家商业银行开立专户存放客户的交易结算资金，商业银行根据客户资金存取和证券公司提供的交易清算结果，记录每个客户的资金变动情况，建立客户资金明细账簿，并实施总分核对和客户资金的全封闭银证转账，以防止证券公司挪用。截至2008年4月，证券公司已全面实施了客户交易结算资金的第三方存管。第三方存管制度实施后，客户交易结算资金安全性得到了有效保障。

A2.6.6　信息报送与披露制度

对证券公司信息报送与披露方面的监管要求包括：

- **信息报送制度**。根据法律法规规定，证券公司应当自每一会计年度结束之日起4个月内，向中国证监会报送年度报告；自每月结束之日起7个工作日内，报送月度报告。发生影响或者可能影响证券公司经营管理、财务状况、风险控制指标或者客户资产安全的重大事件的，证券公司应当报送临时报告，说明事件的起因、目前的状态、可能产生的后果和拟采取的相应措施。
- **信息公开披露制度**。该制度主要包括基本信息公示和财务信息公开披露。目前，证券公司均通过中国证券业协会网站、公司网站、营业网点投资者园地等渠道进行基本信息公示，内容包括公司基本情况、经营性分支机构、业务许可类新产品、高管人员等信息，公示信息发生变动的，需要进行持续更新。同时，证券公司在每一会计年度结束后通过中国证券业协会网站、公司网站等渠道进行财务信息公开披露，内容包括公司上一年度审计报告、经审计会计报表及附注。
- **年报审计监管**。证券公司年报审计监管是证券公司非现场检查和日常监管的重要手段。在证券公司年报审计工作中，中国证监会督促证券公司向会计师事务所提供审计证据及相关资料；对审计过程中发现的问题，及时采取措施，督促整改。

A2.7 基金监管制度

中国证监会对证券投资基金产品、相关机构、从业人员、专户理财以及 QFII 等的监管要求体现在基金监管法规体系中。现行的基金监管法规体系由三部分组成，一是以《证券投资基金法》为代表的法律；二是《证券投资基金信息披露管理办法》、《证券投资基金销售管理办法》等 11 个部门规章；三是以基金管理公司治理准则、内部控制指导意见等为代表的规范性文件。

在上述法规体系的框架下，中国证监会通过建立良好有序的竞争环境和有效的制衡机制，设定机构、人员和产品的准入标准，不断提高监控水平、打击违规行为等监管政策，旨在达到保护基金投资人的合法利益、防范系统风险和不断提高市场透明度的监管目标。

A2.7.1 相关机构监管

与证券投资基金相关的机构包括基金管理公司、基金托管银行和基金销售机构等（见附图 1）。

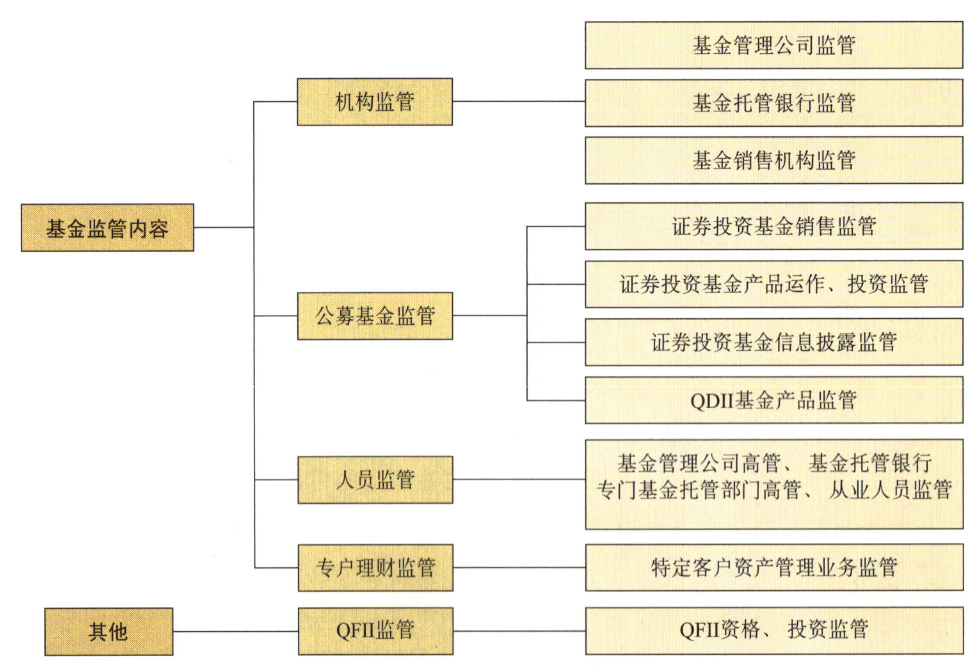

附图 1　基金监管框架结构图

资料来源：中国证监会。

A 2.7.1.1 基金管理公司

《证券投资基金法》规定公募基金管理人由基金管理公司和经中国证监会按照规定核准的其他机构担任。基金管理公司的设立、变更和解散需要得到中国证监会的批准。中国证监会根据有关规定和审慎监管原则，对基金管理公司及其业务活动实施监管，包括但不限于以下方面：

- **在信息披露方面，**一是定期报告，基金管理公司应当自年度结束之日起 3 个月内向中国证监会和驻地证监会派出机构报送该公司年度报告和年度评价报告；自季度结束之日起 15 日内报送监察稽核季度报告，自年度结束之日起 30 日内报送监察稽核年度报告；二是临时报告，基金管理公司发生《证券投资基金管理公司管理办法》第 65 条规定的情形时，应当自发生之日起 5 日内向中国证监会和驻地证监会派出机构报告。
- **在公司治理方面，**一是基金公司应当建立健全独立董事制度，独立董事人数不得少于 3 人，且不得少于董事会人数的 1/3；二是应当建立督察长制度，督察长由董事会聘任，对董事会负责，对公司经营运作的合法合规进行监察和稽核；三是建立科学合理、控制严密、运行高效的内部监控体系，制定科学完善的内部监控制度，保持经营运作合法、合规，保持公司内部监控健全、有效等。

A 2.7.1.2 基金托管银行

《证券投资基金法》规定基金托管人由商业银行担任。商业银行从事证券投资基金托管业务，需经中国证监会和中国银监会核准，依法取得基金托管资格。中国证监会、中国银监会依法对商业银行基金托管业务活动进行监督管理。申请基金托管资格的商业银行应当具备下列条件：

- 最近 3 个会计年度的年末净资产均不低于 20 亿元人民币，资本充足率符合监管部门的有关规定。
- 设有专门的基金托管部门，并与其他业务部门保持独立。
- 基金托管部门拟任高级管理人员符合法定条件，拟从事基金清算、核算、投资监督、信息披露、内部稽核监控等业务的执业人员不少于 5 人，并具有基金从业资格。
- 有安全保管基金财产的条件和安全高效的清算、交割系统。
- 基金托管部门有满足营业需要的固定场所、配备独立的安全监控系统和独立的托管业务技术系统，包括网络系统、应用系统、安全防护系统、数据备份系统。
- 有完善的内部稽核监控制度和风险控制制度。
- 最近 3 年无重大违法违规记录。
- 法律、行政法规规定的和经国务院批准的中国证监会、中国银监会规定的其他条件。

A 2.7.1.3 基金销售机构

基金销售由基金管理人负责办理，基金管理人可以委托取得基金销售业务资格的其他机构办理。商业银行、证券公司、证券投资咨询机构、独立基金销售机构以及中国证监会规定的其他机构可以向中国证监会申请基金销售业务资格。商业银行、证券公司、证券投资咨询机构、独立基金销售机构以及中国证监会规定的其他机构申请基金销售业务资格应当具备下列条件：

- 具有健全的治理结构、完善的内部控制和风险管理制度，并得到有效执行。
- 财务状况良好，运作规范稳定。
- 有与基金销售业务相适应的营业场所、安全防范设施和其他设施。
- 有安全、高效的办理基金发售、申购和赎回等业务的技术设施，且符合中国证监会对基金销售业务信息管理平台的有关要求，基金销售业务的技术系统已与基金管理人、中国证券登记结算有限责任公司相应的技术系统进行了联网测试，测试结果符合国家规定的标准。
- 制定了完善的资金清算流程，资金管理符合中国证监会对基金销售结算资金管理的有关要求。
- 有评价基金投资人风险承受能力和基金产品风险等级的方法体系。
- 制定了完善的业务流程、销售人员执业操守、应急处理措施等基金销售业务管理制度，符合中国证监会对基金销售机构内部控制的有关要求。
- 有符合法律法规要求的反洗钱内部控制制度。
- 中国证监会规定的其他条件。

A 2.7.2　证券投资基金产品

A 2.7.2.1　证券投资基金运作

基金管理人募集证券投资基金，须向中国证监会提出申请并得到批准。基金管理人运用基金财产进行证券投资，不得有下列情形：

- 一只基金持有一家上市公司的股票，其市值超过基金资产净值的 10%。
- 同一基金管理人管理的全部基金持有一家公司发行的证券，超过该证券的 10%。
- 基金财产参与股票发行申购，单只基金所申报的金额超过该基金的总资产，单只基金所申报的股票数量超过拟发行股票公司本次发行股票的总量。
- 违反基金合同关于投资范围、投资策略和投资比例等约定。
- 中国证监会规定禁止的其他情形。

完全按照有关指数的构成比例进行证券投资的基金品种可以不受前款第一、二项规定的比例限制。

A 2.7.2.2　证券投资基金信息披露

基金信息披露义务人包括基金管理人、基金托管人、召集基金份额持有人大会的基金份额持有人等法律、行政法规和中国证监会规定的自然人、法人和其他组织，它们应当在中国证监会规定的时间内，将应予披露的基金信息通过中国证监会指定的全国性报刊和基金管理人、基金托管人的互联网网站等媒介披露，并保证投资人能够按照基金合同约定的时间和方式查阅或者复制公开披露的信息资料。这些应予公开披露的基金信息包括基金招募说明书、基金合同、基金定期报告（包括基金年度报告、基金半年度报告和基金季度报告）等。中国证监会及其派出机构依法对基金信息披露活动进行监督管理。

A 2.7.3　合格境外机构投资者（QFII）

中国证监会对合格境外机构投资者（QFII）的监管以《合格境外机构投资者境内证券投资管理办法》（证监会令第36号）为依据。中国从2002年12月起开始试行QFII制度。根据有关规定，QFII可以投资在证券交易所交易或转让的股票、债券和权证，在银行间债券交易的固定收益产品，证券投资基金，股指期货，以及中国证监会允许的其他金融工具。向中国证监会申请QFII资格，申请人应当具备下列主要条件：

- 申请人的财务稳健，资信良好，达到中国证监会规定的资产规模等条件。
- 申请人的从业人员符合所在国家或者地区的有关从业资格的要求。
- 申请人有健全的治理结构和完善的内控制度，经营行为规范，近三年未受到监管机构的重大处罚。
- 申请人所在国家或地区有完善的法律和监管制度，其证券监管机构已与中国证监会签订监管合作谅解备忘录，并保持着有效的监管合作关系。

A 2.7.4　人民币合格境外机构投资者（RQFII）

中国证监会对人民币合格境外机构投资者（RQFII）的监管以《基金管理公司、证券公司人民币合格境外机构投资者境内证券投资试点办法》为依据。中国从2011年12月起开始试行RQFII制度。根据有关规定，RQFII在经批准的投资额度内，可以投资于在证券交易所挂牌交易的股票、债券、权证，证券投资基金和中国证监会、中国人民银行允许的其他金融工具。试点机构可以参与新股发行、可转换债券发行、股票增发和配股申购。向中国证监会申请RQFII资格，申请人应当具备下列主要条件：

- 在香港地区证券监管部门取得资产管理业务资格并已经开展资产管理业务，财务稳健，资信良好。
- 公司治理和内部控制有效，从业人员符合香港地区的有关从业资格要求。
- 申请人及其境内母公司经营行为规范，最近3年未受到所在地监管部门的重大处罚。
- 申请人境内母公司具有证券资产管理业务资格。
- 中国证监会根据审慎监管原则规定的其他条件。

A 2.7.5　合格境内机构投资者（QDII）

中国证监会对合格境内机构投资者（QDII）的监管主要以《合格境内机构投资者境外证券投资管理试行办法》为依据。中国从2007年7月5日起开始试行QDII制度。QDII在境内募集资金，运用所募集的部分或者全部资金以资产组合方式进行境外证券投资管理。境内基金管理公司和证券公司等证券经营机构向中国证监会申请QDII资格的，应当具备下列主要条件：

- 财务稳健，资信良好，资产管理规模、经营年限等符合中国证监会的规定。对基金管理公司来说，净资产需不少于 2 亿元人民币；经营证券投资基金管理业务达 2 年以上；在最近一个季度末资产管理规模不少于 200 亿元人民币或等值外汇资产。对证券公司来讲，各项风险控制指标符合规定标准；净资本不低于 8 亿元人民币；净资本与净资产比例不低于 70%；经营集合资产管理计划业务达 1 年以上；在最近一个季度末资产管理规模不少于 20 亿元人民币或等值外汇资产。
- 拥有符合规定的具有境外投资管理相关经验的人员。
- 具有健全的治理结构和完善的内控制度，经营行为规范。
- 最近 3 年没有受到监管机构的重大处罚，没有重大事项正在接受司法部门、监管机构的立案调查。

A 2.8 期货市场与期货业监管制度

A 2.8.1 期货交易制度

期货交易制度主要包括保证金制度、当日无负债结算制度、涨跌停板制度、限仓制度和大户报告制度等。

- **保证金制度**。保证金是指期货交易者按照规定交纳的资金或者提交的价值稳定、流动性强的标准仓单、国债等有价证券，用于结算和保证履约。客户向期货公司缴纳；期货公司作为会员向期货交易所缴纳。在实行会员分级结算制度的期货交易所，期货交易所的非结算会员向结算会员缴纳保证金。只有所缴纳的保证金达到规定标准并在不足时及时补足的，交易者才能继续其交易。保证金制度对于确保期货交易的双方当事人履行合约义务，有效避免会员或客户违约的风险，从而保障期货市场的正常运行具有重要作用。
- **当日无负债结算制度**。当日交易结束后，期货交易所按照当日结算价对会员结算所有合约的盈亏、交易保证金及手续费、税金等费用，对应收应付的款项实行净额一次划转，相应增加或减少结算准备金。会员在期货交易所结算完成后，再按照同样的原则对客户进行结算。在实行会员分级结算制度的期货交易所，期货交易所只对结算会员结算；非结算会员由结算会员为其结算。如果会员、客户未能按要求及时补足保证金，期货交易所、会员在开市前对其交易采取限制开仓、强行平仓等措施。
- **涨跌停板制度**。期货合约在一个交易日中的交易价格不得高于或者低于规定的涨跌幅度，超出该涨跌幅度的报价将被视为无效，不能成交。涨跌停板制度的实施，使期货交易所、会员的损失被控制在一定幅度内，从而为保证金制度的实施创造了有利条件。
- **持仓限额制度**。期货交易所为了防范操纵市场价格的行为和防止期货市场风险的过度集中，对会员及客户的持仓数量进行限制的制度，超过限额的将被禁止开新仓或者强制平仓。持仓限额一般可以根据不同情形作一定调整。如可以根据会员、客户资信情况和保证金水平，适当调整其持仓限额；可以根据某种合约距离交割月份的远近来确定其持仓限额。中国期货交易实行客户编码管理制度，贯彻一户一码的具体管理规定，对期货公司代理的客户实行编码下的持仓限额，即每一个交易编码下的持仓不得超过一定限额，客户在不同会员处开户的，要合并计算。

◆ **大户持仓报告制度**。在实施持仓限额制度的前提下，当某一会员或者客户的持仓量达到了期货交易所规定的限额时，必须向期货交易所报告，报告的内容一般包括其开户情况、交易情况、资金来源、交易动机等。大户持仓报告制度的实施，可以使期货交易所更好地检查市场持仓集中的情况，防范大户操纵市场价格并进而能更好地控制市场风险。

◆ **风险准备金制度**。风险准备金用于维护期货市场正常运转而提供财务保障和弥补因不可预见的风险带来的亏损，期货交易所、期货公司、非期货公司结算会员应当按照中国证监会和财政部的规定提取、管理和使用风险准备金。

◆ **结算担保金制度**。实行分级结算制度的期货交易所建立结算担保金制度，结算担保金包括基础结算担保金和变动结算担保金，由结算会员以自有资金向期货交易所缴纳，属于结算会员所有，用于应对结算会员违约风险。结算担保金制度作为一种联保制度，可以增强期货交易所抵御风险的能力。

◆ **股指期货投资者适当性制度**。借鉴国际市场的经验，结合中国资本市场“新兴加转轨”的特定国情，中国证监会在股指期货市场引入和建立了投资者适当性制度。其核心理念是：通过在开户端设置适当的程序和要求，综合评估投资者对股指期货的认知程度、接受程度和风险承受程度，从源头上深化投资者风险教育，有效避免投资者盲目入市，切实保护投资者合法权益，保障股指期货市场稳健运行。主要内容是设定了投资者特别是个人投资者开户的硬性标准。要求期货公司建立以了解客户和分类管理为核心的客户管理和服务制度，结合投资者年龄、学历等基本情况，以及相关投资经历、财务状况和诚信状况进行适当性综合评估。明确了相关监管要求，确保适当性制度落到实处。

◆ **期货保证金安全存管制度**。为加强对期货公司客户保证金的管理，2004 年中国证监会发布了《期货经纪公司保证金封闭管理运行办法》，要求期货公司客户保证金必须全额存入从事期货交易结算业务的商业银行，严禁挪作他用。期货公司分设账户，使自有资金与客户保证金严格分离，客户保证金在指定账户间封闭运行。保证金封闭管理实行后，期货公司保证金管理水平得到了较大提高，但客户保证金安全问题还是未得到彻底解决。在这种情况下，中国证监会决定通过外部监管方式建立有效的保证金监管机制。2006 年，中国证监会成立中国期货保证金监控中心有限责任公司，由期货保证金监控中心对期货公司保证金实施监控，核对期货公司、交易所、银行三方上报的数据，对发现的期货公司保证金缺口、自有资金缺口、客户连续两个交易日以上保证金为负、交易持仓不一致、客户资金不连续等情况进行预警，并将相关问题向中国证监会相关派出机构反馈，派出机构及时进行检查，消除风险隐患。同时，投资者可以登录保证金监控中心网站查询自己的账单，可以与期货公司账单进行核对，以随时发现存在的问题，保证客户权益的真实性。期货保证金安全监控制度实施以来，在实践中取得了良好效果。

A 2. 8. 2 期货公司监管

A 2. 8. 2. 1 业务许可制度

根据《期货交易管理条例》等有关规定，期货公司业务实行许可制度，由中国证监会按照其商品期货、金融期货业务种类颁发许可证；期货公司除申请经营境内期货经纪业务外，还可以申请经营境外期货经纪、期货投资咨询、资产管理等业务。

A 2. 8. 2. 2 公司治理

根据《公司法》的基本要求，结合期货公司的经营特点和期货业务的风险特征，《期货交易管理条例》、《期货公司管理办法》、以及《期货公司首席风险官管理规定（试行）》等，对期货公司治理作出全面系统的规定。

期货公司应当按照明晰职责、强化制衡、加强风险管理的原则，建立并完善公司治理。具体要求包括：

- 期货公司应设立董事会和监事会或监事，应当合理设置业务部门及其职能，对关键岗位及业务实施重点控制，确保前、中、后台业务分开。
- 期货公司应与其控股股东在业务、人员、资产、财务、场所等方面严格分开，独立经营，独立核算。
- 期货公司对营业部实行统一结算、统一风险管理、统一资金调拨、统一财务管理和会计核算。
- 期货公司应当设首席风险官，负责对期货公司经营管理行为的合法合规性、风险管理进行监督检查，首席风险官发现涉嫌占用、挪用客户保证金等违法违规行为或者可能发生风险的，应当立即向中国证监会派出机构、公司董事会报告。
- 具有实行会员分级结算制度期货交易所结算业务资格的期货公司和独资期货公司应当设独立董事。

A 2. 8. 2. 3 客户资产保护

为保护期货投资者资产安全，在总结期货保证金封闭运行和期货保证金安全存管监控前期实践的基础上，《期货公司管理办法》对客户资产保护作出规定：一是强化期货保证金归客户所有的法律属性，除期货公司依法划转外，禁止任何单位或者个人以任何形式占用、挪用；期货保证金要与期货公司自有资产分别管理，不得被非法查封、冻结、扣划或者强制执行；期货公司破产或者清算时，客户的保证金不属于破产财产或者清算财产。二是明确了期货公司对期货保证金账户的备案、披露等管理要求，严禁期货公司在规定账户之外存放客户保证金，期货公司应及时报送期货保证金安全监控信息。三是客户从事期货交易实行实名制，客户要报备存取保证金的期货结算账户，保证金必须通过转账方式存取划转。四是明确提出了期货公司以自有资金缴存结算担保金、最低结算准备金的缴纳义务，以及期货公司在客户违约保证金不足时的垫付义务。

为保护期货投资者的资金安全，从制度上防止期货公司挪用投资者保证金，按照安全优先、兼顾效率的总体原则，中国证监会建立了期货保证金安全存管系统，设立中国期货保证金监控中心，利用技术系统每日对交易所、结算银行和期货公司三方的保证金数据进行核对，并允许客户直接查询保证金数据。

为建立投资者救助和利益补偿机制，国家设立了期货投资者保障基金。对于期货公司出现严重违法违规或者风险控制不力等导致保证金出现缺口的，根据《期货投资者保障基金管理暂行办法》，由保障基金对客户遭受的保证金损失进行一定比例的补偿。

A 2.8.2.4　风险监管指标标准

由于期货公司代理客户从事期货交易，吸收客户资金，风险突发性较强，因此，期货公司需要持续符合风险监管指标标准，确保具有抵御风险的能力。中国证监会于 2007 年 4 月 19 日发布实施的《期货公司风险监管指标管理试行办法》要求，期货公司应当持续符合以下风险监管指标标准：

- 净资本不得低于人民币 1 500 万元。
- 净资本不得低于客户权益总额的 6%。
- 净资本按营业部数量平均折算额（净资本/营业部家数）不得低于人民币 300 万元。
- 净资本与净资产的比例不得低于 40%。
- 流动资产与流动负债的比例不得低于 100%。
- 负债与净资产的比例不得高于 150%。
- 规定的最低限额的结算准备金要求。

期货公司委托其他机构提供中间介绍业务的，净资本不得低于人民币 3 000 万元；从事交易结算业务的期货公司，净资本不得低于人民币 4 500 万元；从事全面结算业务的期货公司，净资本不得低于以下标准：（1）人民币 9 000 万元；（2）客户权益总额与其代理结算的非结算会员权益或者非结算会员客户权益之和的 6%。

为进一步完善净资本监管制度，支持期货公司创新发展，2012 年，中国证监会对《期货公司风险监管指标管理试行办法》进行了修订。修订后的《期货公司风险监管指标管理办法》将于 2013 年 7 月 1 日起正式施行。

A2.9　会计和财务信息披露监管制度

A2.9.1　《企业会计准则》体系以及与国际会计准则的趋同

2006年2月，财政部颁布了新《企业会计准则》（以下简称新会计准则）。新会计准则包括1项基本准则和38项具体准则，以及配套的应用指南、解释公告、讲解和实施问题专家工作组意见。修订后的会计准则与国际会计准则实现了实质性趋同。继2006年与国际会计准则委员会签订会计准则趋同联合声明后，2007年12月，中国会计准则委员会与香港会计师公会就两地会计准则签署了等效联合声明；2010年4月，财政部发布了《中国企业会计准则与国际财务报告准则持续全面趋同路线图》。以上均标志着中国会计准则的等效工作取得了实质性进展。中国会计准则与其他国家或地区的会计准则等效工作也正在积极推进中。中国会计准则与境外上市地的会计准则等效后，中国企业按中国会计准则编制的报表将直接被境外资本市场接受，有利于促进跨境经济活动的开展和推动国际监管合作。

在会计准则执行监管层面，中国证监会建立了相关业务部门和专业部门、辖区证监局、证券交易所构成的综合动态监管体系，全面加强对会计准则的执行监管；新会计准则执行以来，中国证监会不断推动完善上市公司内部控制，增加内在约束力；中国证监会还通过出具监管函件和印发《上市公司执行企业会计准则监管问题解答》的方式统一会计监管标准；同时，中国证监会继续与会计准则制定机构保持密切沟通协调，保证了会计准则的执行效果，提高了资本市场会计信息质量。

A2.9.2　上市公司财务信息披露规范

上市公司需按照中国证监会制定的相关信息披露规范的要求，在定期报告中披露有关财务信息。目前的信息披露规范体系中，涉及财务相关信息披露的规范涵盖了财务报告的一般规定、净资产收益率和每股收益的计算及披露、非标准无保留审计意见及其涉及事项的处理、财务信息的更正及披露等内容，以及以信息披露解释公告的方式对涉及非经常性损益、中高级管理人员奖励基金、累计亏损的弥补、会计估计差异等内容进行了说明和规范。

A2.9.3　企业内部控制规范体系

为加强上市公司的规范化运作和管理，提高财务信息的真实性、可靠性和披露质量，2008年5月22日，财政部、中国证监会、审计署、银监会、保监会（以下简称五部委）联合发布了《企业内部控制基本规范》（以下简称《基本规范》），内容涵盖建立健全内部控制应遵循的基本原则、完整的内部控制框架体系应包括的内部环境、风险评估、控制活动、信息与沟通以及内部监督的基本要求等。

继2008年《基本规范》发布之后，五部委又联合制定并于2010年4月26日正式发布了企业内部控制配套指引（以下简称配套指引），包括18项应用指引、1项评价指引和1项审计指引，为企业实施内部控制体系建设提供了具体的操作指南。配套指引自2011年1月1日起首先在境内外同时上市的公司施行，自2012年1月1日起扩大到在上海证券交易所、深圳证券交易所主板上市的公司施行；在此基础上，择机在中小板和创业板上市公司施行。为了稳步推进主板上市公司有效实施企业内部控制规范体系，确保内控体系建设落到实处、取得实效，证监会和财政部于2012年8月14日联合发布了《关于2012年主板上市公司分类分批实施企业内部控制规范体系的通知》，决定在主板上市公司分类分批推进实施企业内部控制规范体系。按照内控规范体系的要求，实施范围内的企业应以基本规范提供的框架体系为基础，建立健全内部控制制度，同时企业的董事会或类似机构应当对内部控制的建立和运行情况披露自我评价报告，外部审计师应对公司与财务报告相关的内部控制有效性发表鉴证意见。

A2.9.4　首席会计师联席会议制度

2007年中国证监会建立了首席会计师联席会议制度。首席会计师联席会议由中国证监会首席会计师召集，成员来自中国证监会发行部、上市部等12个部门和上海、深圳证券交易所。首席会计师联席会议作为加强证券监管系统专业沟通和交流的平台，可进一步促进资本市场财务信息披露质量的提高。

A2.9.5　证券期货监管系统会计专业技术小组

中国证监会各派出机构，各证券、期货交易所和中国证券登记结算有限责任公司均于2005年成立了会计专业技术小组（以下简称会计小组），并于2008年重新完善了会计小组的架构。中国证监会会计部具体负责证券期货监管系统会计专业标准制定、技术指导和工作协调。会计小组是非行政性专业机构，负责证券市场会计专业监管工作，主要职责包括：就日常证券市场监管过程中遇到的重点和难点问题进行沟通，统一相关问题的处理标准；定期召开证券市场会计专业技术协调会，通报证券市场中执行会计准则、会计制度等方面的重点、难点问题，探讨相应的处理标准；以及开展证券期货监管系统会计专业培训，提高监管人员的会计专业水平。会计小组成立以来，在统一证券期货监管系统会计专业监管标准、增强监管系统会计监管的协调性以及提高监管人员专业素质方面发挥了积极作用，有助于加强会计监管、提高上市公司会计信息质量和促进资本市场稳定健康发展。

A2.9.6　上市公司年报会计信息监管

对上市公司年报会计信息进行监管一直是中国证监会的工作重点，经过多年监管实践，已经形成了包括“事前”、“事中”和“事后”三个环节的行之有效的监管方式。年报披露前，中国证监会在以前年度财务报告监管经验的基础上，针对当年经济环境的变化和会计准则的执行情况，指出年度财务报告编制和披露中应重点关注的交易或事项。在年报披露期间，中国证监会进行严格督导，安排专人负责跟踪上市公司年报的披露，及时解决发现的会计处理和财务信息披露问题。在年报披露结束后，中国证监会对年报监管过程中发现的会计和财务信息披露问题进行总结分析，形成上市公司执行企业会计准则监管报告，在主要证券媒体上发布，同时，对于年报监管过程中发现会计处理和财务信息披露存在明显问题的上市公司，采取相应的监管措施。

A2.10 审计和资产评估监管制度

A2.10.1 中国审计准则与国际审计准则的趋同

2005 年底，中国审计准则委员会与国际审计与鉴证准则理事会（IAASB）签署了联合声明，高度认可中国在审计准则国际趋同方面所做的努力和取得的重大进展。2006 年初，财政部颁布了《中国注册会计师鉴证业务基本准则》。该基本准则在内容上充分吸收了国际审计准则的基本原则和核心程序，在审计的目标和原则、风险的评估与应对、审计证据的获取和分析、审计结论的形成和报告，以及注册会计师执业责任等重大方面与国际审计准则保持一致。2007 年底，中国审计准则委员会与香港会计师公会发布联合声明，宣布内地审计准则与香港地区审计准则等效。2009 年 11 月，国际会计师联合会（IFAC）在其公布的《世界各国（地区）采用国际审计准则情况的报告》中指出，中国已基本采用了国际审计准则，并对其作出了必要的调整，所作的调整符合 IAASB 公布的调整政策。

在国际审计准则完成明晰性项目后，为保持中国审计准则体系和国际审计准则的持续全面趋同，中国审计准则委员会于 2010 年 11 月正式发布了修订后的中国审计准则，实现了与明晰化后的国际审计准则的实质性趋同，修订后的审计准则已于 2012 年 1 月 1 日全面实施。

A2.10.2 审计与评估机构的监管体系

中国证监会于 2009 年修订了《会计师事务所与资产评估机构证券期货相关业务监管责任制》（以下简称监管责任制），进一步优化完善了独具特色的资本市场会计监管模式，形成了包括中国证监会会计部、证监局、专员办等一体化监管体系。

中国证监会会计部全面负责监管具有证券期货相关业务资格的审计与评估机构，包括制定、修改与解释监管政策规章和总体规划，审批与管理审计与评估机构的证券资格，建立完善监管信息系统，根据实际情况对审计与评估机构进行全面检查和专项检查，依法对审计与评估机构采取监管措施，安排、指导、培训、协调、检查各证监局和专员办的相关监管工作。

证监局在会计部指导下落实对审计与评估机构的监管要求，根据实际情况对审计与评估机构进行业务检查，督促辖区审计与评估机构按要求报备资料，依法对审计与评估机构采取监管措施，建立和维护持续监管档案。

2010 年 11 月，证监会增加了上海、深圳证券专员办的审计与评估机构检查职责。专员办的审计与评估机构检查工作主要是在会计部的业务指导下，做好对审计与评估机构的现场检查、跨境监管合作试点和案例分析等工作。

A 2. 10. 3　审计与评估机构的证券资格许可

根据《证券法》第 169 条的规定，审计与评估机构从事证券服务业务，必须经国务院证券监督管理机构和有关主管部门批准。目前，审计与评估机构从事证券期货相关业务，必须经证监会和财政部批准。

2008 年 4 月，中国证监会和财政部联合发布了《关于从事证券期货相关业务的资产评估机构有关管理问题的通知》，就资产评估机构从事证券期货相关业务的申请条件、程序、后续日常报备管理作出了详细规定。

2012 年 1 月，中国证监会和财政部联合发布了《关于调整证券资格会计师事务所申请条件的通知》，根据中国注册会计师行业和资本市场发展的新形势、新要求，对《关于会计师事务所从事证券期货相关业务有关问题的通知》进行了调整，大幅提高原有资格申请条件，新增相关条件，力求进一步优化资本市场审计队伍结构。

A 2. 10. 4　审计与评估机构的日常监管

中国证监会对证券资格审计与评估机构的日常监管主要包括信息报备监管、年报审计监管和媒体质疑及投诉事项核查等。

信息报备监管包括年度报备和重大事项报备监管。为加强对信息报备的监管，掌握审计与评估机构的持续、实时信息，证监会建立了审计与评估机构监管系统。

中国证监会在年报审计监管中，将对会计师事务所执行证券期货年报审计业务监管和上市公司与证券期货经营机构主体监管相结合，重视事前提醒和事后问责，并根据会计师事务所的执业质量和审计项目质量开展差异化审计监管策略，必要时对执业质量较差的会计师事务所和风险较大的审计项目实施现场督导。

对媒体反映或投资者举报的审计与评估机构执业质量问题或其他违规行为，中国证监会建立了快速反应机制，通过现场检查或发函要求审计与评估机构自查等方式，核实相关问题，及时予以处理。

A2.11 证券执法制度

2012 年，稽查局（首席稽查办公室）、稽查总队和派出机构稽查力量分工协作，行政处罚委员会专司审理的证券期货执法工作机制继续发挥着重要作用，有效保障了资本市场的稳定健康运行。

A2.11.1 案件稽查

案件的立案和调查权由中国证监会稽查部门执行。稽查局（首席稽查办公室）负责统一协调、指挥全系统稽查工作，负责拟订证券期货执法的法规、规章和规则，组织初步调查，办理立案、撤案等事宜，组织重大案件查办，协调、指导、督导案件调查及相关工作，复核案件调查报告，统一负责案情发布，协调跨境案件的办理，组织行业反洗钱工作，办理稽查边控、查封、冻结等强制手续，组织协调行政处罚的执行，组织稽查考评、奖励，负责案件统计、人员培训工作。稽查总队承办跨区域的重大案件及紧急、敏感、复杂类案件，负责所承办案件的调查、内审和移送，负责总队干部的培训，负责与承办案件相关的课题研究。派出机构负责辖区内市场主体违法违规行为的立案和调查，承办稽查局交办的案件，办理协助调查事项，负责协同反洗钱工作，落实行政处罚的执行。

A2.11.2 案件审理

行政处罚委员会负责向其移交的证券违法违规案件的审理工作，并负责试点派出机构行政处罚工作的业务监督和指导。行政处罚委员会的主要职责包括草拟行政处罚案件审理、听证等工作的规则和实施细则；进行行政处罚案件的审理、听证，对行政处罚案件提出处罚建议；调查研究、监督指导全系统行政处罚工作；对重大行政处罚案件进行执法协调；根据规定开展与行政处罚工作有关的国际合作交流活动等。行政处罚委员会下设办公室作为日常办事机构。行政处罚委员会的案件审理主要由委员完成。目前，委员由两部分构成：一部分是专职的内部委员和副主任审理员，另一部分是由法院系统引入的法官担任的外部委员。

发现/受理线索
线索清晰
线索需要进一步核实
非正式调查
立案
调查
复核/内审
需要行政处罚的
触犯刑法的
案件移交行政处罚委员会
案件移交司法机关
查（稽查部门）
1. 案件接收
2. 案件审理
普通案件
复杂、疑难或新型案件
主审—合议—报批
（由1名主审委员与2名合议委员完成审理与报批）
主审—合议—审议—报批
（在“主审—合议”程序后提交行政处罚委员会全体委员审议，完成报批）
未触犯刑法
认为触犯刑法的
3. 告知和听证
（在作出行政决定前，向当事人送达事先告知书，告知其作出行政处罚决定的事实、理由及依据，当事人有权进行陈述和申辩。符合中国证监会规定的听证条件的，应当事人要求可举行听证会）
案件移交司法机关
4. 决定与送达
（案件经当事人陈述申辩或举行听证会后，中国证监会签发行政处罚决定书并向当事人送达该生效决定，同时依法通过证监会网站等方式向社会公开）
审（行政处罚委员会）

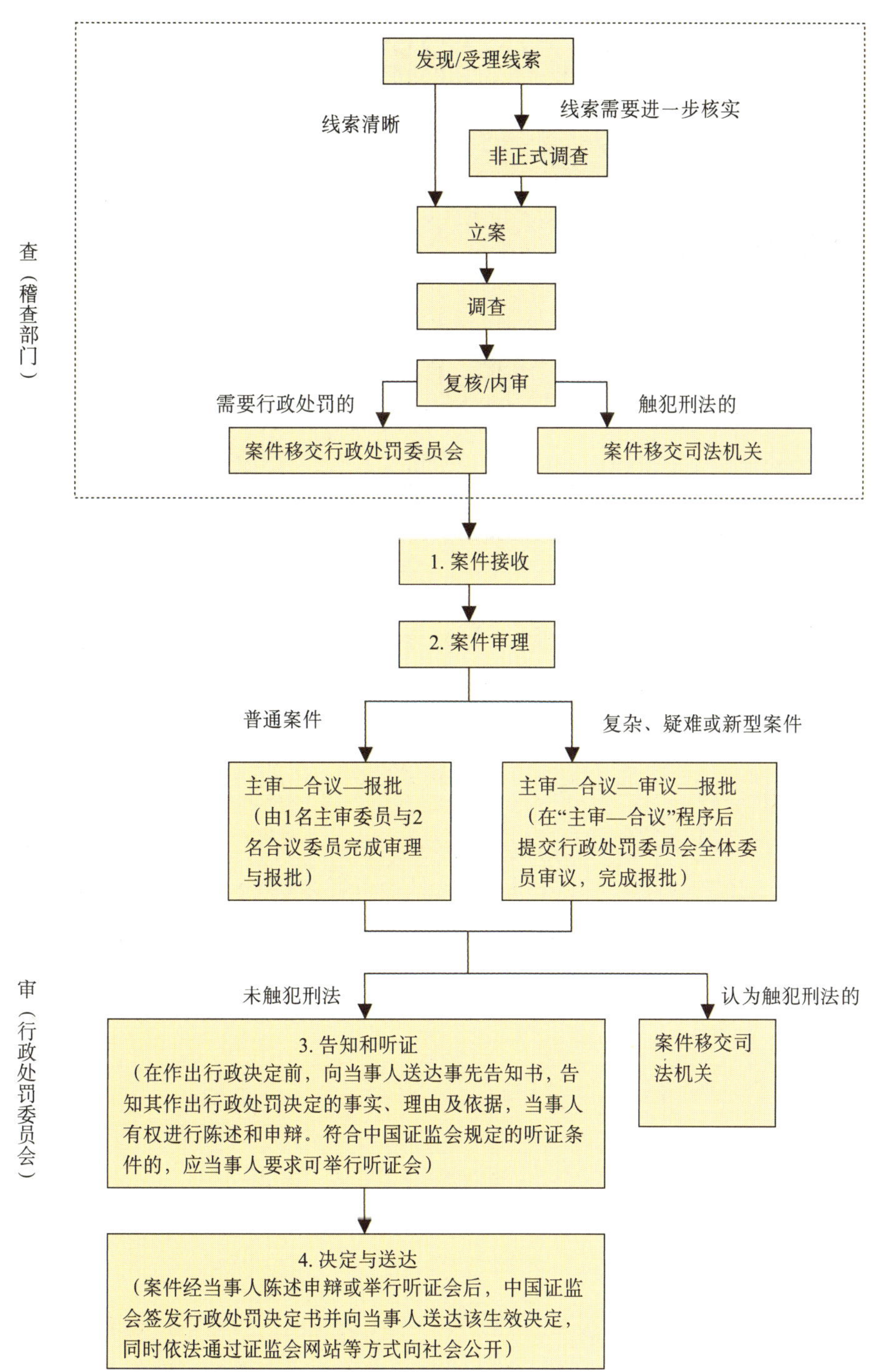

附图2　证券执法程序

附录3　系统单位简介

A3.1　上海证券交易所

上海证券交易所（简称上交所）成立于1990年11月26日，由中国证监会监督管理。上交所秉承“法制、监管、自律、规范”的八字方针，致力于创造透明、开放、安全、高效的市场环境，切实保护投资者权益。

上交所的主要职能包括：提供证券交易的场所和设施；制定证券交易所的业务规则；接受上市申请，安排证券上市；组织、监督证券交易；对会员、上市公司进行监管；管理和公布市场信息。

截至2012年底，上交所共有上市公司954家，上市证券2 098只，股票市价总值15.87万亿元。2012年，上交所证券总成交金额54.75万亿元，其中股票成交金额16.45万亿元，债券成交金额37.98万亿元；筹资总额4 878亿元，其中股票筹资2 890亿元，债券筹资1 988亿元。上交所现有会员111家。

A3.2　深圳证券交易所

深圳证券交易所（简称深交所）成立于1990年12月1日，由中国证监会监督管理。深交所以建设中国多层次资本市场体系为使命，全力支持中国中小企业发展，推进自主创新国家战略实施。2004年5月，中小企业板正式推出；2009年10月，创业板正式启动。

深交所的主要职能包括：提供证券交易的场所和设施；制定业务规则；接受上市申请、安排证券上市；组织、监督证券交易；对会员进行监管；对上市公司进行监管；管理和公布市场信息；中国证监会许可的其他职能。

截至2012年底，深交所上市公司数量1 540家，上市基金228只，挂牌债券381只，总市值

7.16 万亿元。2012 年，中小企业板新增上市公司 55 家，首发总筹资额 349.25 亿元；创业板新增上市公司 74 家，首发总筹资额 351.49 亿元；主板完成再融资公司 125 家次，融资 1 604 亿元。2012 年，深交所启动中小企业私募债试点，共计备案 117 只，发行 45 只，募集资金 51.98 亿元。

A3.3　中国金融期货交易所

中国金融期货交易所（简称中金所）成立于 2006 年 9 月 8 日，是中国境内唯一一家从事金融期货、期权交易的公司制交易所，由上海期货交易所、郑州商品交易所、大连商品交易所、上海证券交易所和深圳证券交易所共同发起设立。

2010 年 4 月 16 日，中金所第一个产品——沪深 300 股票指数期货上市交易。沪深 300 股指期货上市以来，市场运行总体平稳、理性、规范、成熟，市场监管严格，交易秩序良好，市场功能初步发挥，顺利实现了平稳起步和安全运行的预期目标。截至 2012 年底，中金所共有会员 146 家，其中全面结算会员 15 家，交易结算会员 61 家，交易会员 70 家。2012 年，中金所沪深 300 股指期货共成交 10 506.18 万手，累计成交金额 75.84 万亿元。

A3.4　上海期货交易所

上海期货交易所（简称上期所）成立于 1999 年 12 月，其前身为上海金融交易所、上海粮油商品交易所、上海商品交易所。上期所目前上市交易的有黄金、白银、铜、铝、锌、铅、螺纹钢、线材、燃料油、天然橡胶等 10 种期货合约。

截至 2012 年底，上期所共有会员 208 家，其中期货公司会员 161 家，非期货公司会员 47 家。交割仓库 43 家，在全国各地开通远程交易终端 792 个。2012 年总成交量（以下数据均按单边计算）为 3.65 亿手，同比增长 18.5%；累计成交金额 44.60 万亿元，同比增长 2.6%。2012 年，上海商品期货市场运行规范有序，交易规模总体平稳。

A3.5　大连商品交易所

大连商品交易所（简称大商所）成立于 1993 年 2 月 28 日，同年 11 月 18 日开业。大商所目前上市交易的有黄大豆 1 号、黄大豆 2 号、玉米、豆粕、豆油、棕榈油、线型低密度聚乙烯、聚氯乙烯和焦炭等 9 种期货合约。

截至 2012 年底，大商所共有会员单位 178 家，投资者开户数 156.8 万户。大商所 2012 年总成交量（以下数据均按单边计算）6.33 亿手，同比增长 119%；累计成交金额 33 万亿元，同比增长 97%。据美国期货业协会（FIA）统计，大商所在 2012 年度全球 81 家衍生品交易所成交量排名中居第 11 位。

A3.6 郑州商品交易所

郑州商品交易所（简称郑商所）成立于 1990 年 10 月 12 日，是经国务院批准的首家期货市场试点单位，目前全国 4 家期货交易所之一。郑商所现上市交易的有小麦（包括优质强筋小麦和普通小麦）、棉花、白糖、精对苯二甲酸、菜籽油、早籼稻、甲醇、玻璃、油菜籽和菜籽粕等 11 个期货品种。

截止 2012 年底，郑商所共有会员 209 家，指定交割仓库 177 家，投资者开户约 71 万户。郑商所 2012 年总成交量（以下数据均按单边计算）为 3.47 亿手，累计成交金额超过 17 万亿元。据美国期货业协会（FIA）统计，郑商所在 2012 年度全球 81 家衍生品交易所成交量排名中居第 14 位。

A3.7 中国证券登记结算有限责任公司

中国证券登记结算有限责任公司（简称中国结算）成立于 2001 年 3 月 30 日，是不以营利为目的的法人，中国证监会为其主管部门。中国结算维护的证券登记结算系统是证券市场的主要基础设施，是支撑和保障证券市场稳定运行的后台中枢。按照《证券法》和《证券登记结算管理办法》的相关规定，中国结算依法履行证券账户的设立和管理、证券集中登记、存管等职能，并以结算参与人为单位，提供多边净额和逐笔全额等多种结算服务。

截至 2012 年底，中国结算管理的投资者股票账户约 1.71 亿户；登记存管证券 4 094 只，总市值约 24.51 万亿元；全年日均处理过户约 1 694.32 万笔；日均结算总额约 9 799.34 亿元。

A3.8 中国证券投资者保护基金有限责任公司

中国证券投资者保护基金有限责任公司（简称保护基金公司）成立于2005年8月30日，是由国务院批准设立并出资，在国家工商总局注册的国有独资公司，财政部一次性拨付注册资金63亿元。保护基金公司归口中国证监会管理。

保护基金公司的主要职责包括：筹集、管理和运作证券投资者保护基金；监测证券公司风险，参与证券公司风险处置工作；证券公司被撤销、关闭和破产或被中国证监会采取行政接管、托管经营等强制性监管措施时，按照国家有关政策规定对债权人予以偿付；组织、参与被撤销、关闭或破产证券公司的清算工作；管理和处分受偿资产，维护基金权益；发现证券公司经营管理中出现可能危及投资者利益和证券市场安全的重大风险时，向中国证监会提出监管、处置建议；对证券公司运营中存在的风险隐患会同有关部门建立纠正机制。

保护基金公司立足于服务资本市场监管的大局，积极拓宽工作思路，探索保护投资者，特别是中小投资者合法权益的新举措和新途径，提升投资者教育和服务效果，推进证券市场投资者保护长效机制建设，在继续做好证券公司风险处置收尾工作、切实履行保护基金运作管理职责的基础上，拓展公司业务，致力于建设证券市场交易结算资金监控系统和资本市场电子化信息披露系统，全面加强对证券市场的风险监测，同时致力于建设包含投资者教育、投资者呼叫、投资者调查、投资者保护网、投资者保护状况评价、证券市场舆情监测等在内的综合性投资者服务体系，全面推动投资者保护工作法制建设和国际交流与合作，不断提高投资者保护能力、水平和效果，为促进我国资本市场健康稳定发展做出贡献。

A3.9 中国证券金融股份有限公司

中国证券金融股份有限公司（简称中证金公司）成立于2011年10月28日，是经国务院同意，中国证监会批准设立的证券类金融机构。作为证券公司融资融券业务的配套安排，中证金公司致力于为证券公司提供转融通服务，将自有及依法筹集的资金和证券出借给证券公司，供其向客户办理融资融券业务，同时承担全市场融资融券统计监测职责，运用市场化手段防控融资融券和转融通业务风险。

截至2012年底，中证金公司注册资本金为120亿元，公司资产总额为165亿元，净资产为123亿元。公司股东为上海证券交易所、深圳证券交易所、中国证券登记结算有限责任公司、上海期货交易所、中国金融期货交易所、郑州商品交易所和大连商品交易所 7 家机构。

中国证券公司的融资融券业务始于 2010 年 3 月 31 日，近年来呈现快速增长势头。2012 年，中国融资融券累计交易 1.65 万亿元，较 2011 年增长 181.8%。目前，融资融券日均交易额占 A 股日均交易额的 5.0%。

A3.10 中国期货保证金监控中心有限责任公司

中国期货保证金监控中心有限责任公司（简称中国期货保证金监控中心）成立于 2006 年 3 月 16 日，是经国务院同意、中国证监会决定设立，在国家工商总局注册登记的非营利性公司制法人，其股东单位有上海期货交易所、郑州商品交易所、大连商品交易所及中国金融期货交易所。中国期货保证金监控中心主管部门是中国证监会，其业务接受中国证监会领导、监督和管理。

中国期货保证金监控中心的主要职能包括：建立和完善期货保证金监控、预警机制，及时发现并向监管部门报告影响期货保证金安全的问题；为期货投资者提供有关期货交易结算信息查询及其他服务；代管期货投资者保障基金，参与期货公司风险处置；负责期货市场运行监测监控系统建设，并承担期货市场运行的监测、监控及研究分析等工作；承担期货市场统一开户工作；为监管机构、交易所等提供信息服务；中国证监会规定的其他职能。

A3.11 中证资本市场运行统计监测中心有限责任公司

中证资本市场运行统计监测中心有限责任公司（简称监测中心）成立于 2012 年 9 月 12 日，是由中国证监会批准设立的证券类金融机构，公司股东单位有中国证券登记结算有限责任公司、中国期货保证金监控中心有限责任公司、上海证券交易所信息网络有限公司和深圳证券信息有限公司。监测中心接受证监会的统一监督管理，监测中心业务接受证监会相关部门指导。

监测中心主要职能包括：收集和整理证券期货市场、其他金融市场及宏观经济运行的相关数据信息；监测证券期货市场风险；开展资本市场运行相关分析；评估市场运行质量和效率；开展基于统计的市场专题研究，检验相关政策效应；负责建立、维护和管理资本市场运行统计监测系统；为市场参与人提供统计调查分析服务；证监会规定或委托履行的其他职能。

监测中心的宗旨是促进证券期货系统数据信息资源整合，构建中国资本市场权威的统计制度体系，为监管部门及市场主体提供统一、规范、高效的统计信息服务，提高运行统计监测工作在服务市场监管和支持宏观决策等方面的效率和作用，为资本市场改革开放、稳定发展和风险防范提供决策支持。

A3.12 全国中小企业股份转让系统有限责任公司

全国中小企业股份转让系统有限责任公司（简称全国股份转让系统公司）成立于2012年9月20日，是经国务院批准设立的全国证券交易场所，是中国境内唯一的全国性场外市场，其挂牌公司纳入中国证监会非上市公众公司统一监管。其股东单位有：上海证券交易所、深圳证券交易所、中国证券登记结算有限责任公司、上海期货交易所、中国金融期货交易所、郑州商品交易所和大连商品交易所。

公司的经营宗旨是：坚持公开、公平、公正的原则，完善市场功能，加强市场服务，维护市场秩序，推动市场创新，保护投资者及其他市场参与主体的合法权益，推动全国场外交易市场健康发展，促进民间投资和中小企业发展，有效服务实体经济。

公司的经营范围是：组织安排非上市股份公司股份的公开转让；为非上市股份公司融资、并购等相关业务提供服务；为市场参与人提供信息、技术和培训服务。

截至2012年底，全国股份转让系统挂牌公司200家，其中北京中关村175家，天津滨海7家，上海张江8家，武汉东湖10家。挂牌公司总股本为55.27亿股，2012年总成交量为11 455.51万股，累计成交金额为5.84亿元。

A3.13 中国证券业协会

中国证券业协会（简称中证协）成立于1991年8月28日，是依据《证券法》和《社会团体登记管理条例》的有关规定设立的证券业自律性组织，属于非营利性社会团体法人，接受中国证监会和国家民政部的业务指导和监督管理。

中证协认真贯彻执行“法制、监管、自律、规范”的八字方针和《中国证券业协会章程》，团结和依靠全体会员，切实履行“自律、服务、传导”三大职能，发挥了行业自律组织的应有作用。中证协的主要职责包括：在国家对证券业实行集中统一监督管理的前提下，进行证券业自律管理；发挥政府与证券行业间的桥梁和纽带作用；为会员服务，维护会员的合法权益；维持证券业的正当竞争秩序，促进证券市场的公开、公平、公正，保护投资者合法权益，推动证券市场健康稳定发展。

截至2012年底，中证协共有会员247家，其中，证券公司114家，证券投资咨询公司85家，金融资产管理公司1家，资信评估机构6家，特别会员41家（其中地方证券业协会36家，证券交易所2家，金融期货交易所1家，证券登记结算公司1家，投资者保护基金公司1家）。

A3.14 中国期货业协会

中国期货业协会（简称中期协）成立于2000年12月29日，是根据《社会团体登记管理条例》和《期货交易管理条例》成立的全国期货业自律性组织，是非营利性社会团体法人，接受中国证监会和国家民政部的业务指导和监督管理。

中期协以“自律、服务、传导”为基本宗旨。在国家对期货业实行集中统一监督管理的前提下，进行期货业自律管理；发挥政府与期货业间的桥梁和纽带作用，为会员服务，维护会员的合法权益；坚持期货市场的公开、公平、公正，维护期货业的正当竞争秩序，保护投资者利益，推动期货市场的规范发展。截至2012年底，中期协共有会员198家，其中期货公司会员160家，期货交易所特别会员4家，地方协会联系会员34家。

A3.15 中国上市公司协会

中国上市公司协会（简称中上协）成立于2012年2月15日，是依据《证券法》和《社会团体登记管理条例》等相关规定成立的，由上市公司及相关机构等，以资本市场统一规范为纽带，维护会员合法权益而结成的全国性自律组织，是非营利性的社会团体法人。中国证监会为其业务主管部门。

中上协以“服务、自律、规范、提高”为基本职责，致力于促进提高上市公司质量，促进完善上市公司治理，推动建立良好的公司文化，竭诚打造上市公司高端服务平台，进而促进提高整个资本市场的质量。

截至2012年底，中上协共有上市公司普通会员1 667家，特别会员8家（证券交易所2家，金融期货交易所1家，商品期货交易所3家，证券登记结算公司1家，投资者保护基金公司1家），地方上市公司协会团体会员26家。

A3.16　中国证券投资基金业协会

中国证券投资基金业协会（简称基金业协会）成立于2012年6月，是全国性的证券投资基金业自律性组织，属于非营利性社会团体法人，接受中国证监会和国家民政部的业务指导和监督管理。

基金业协会的宗旨是：提供行业服务，促进行业交流和创新，提升行业执业素质，提高行业竞争力；发挥行业与政府间桥梁与纽带作用，维护行业合法权益，促进公众对行业的理解，提升行业声誉；履行行业自律管理，促进会员合规经营，维持行业的正当经营秩序；促进会员忠实履行受托义务和社会责任，推动行业持续稳定健康发展。

基金业协会的职责包括：教育和组织会员遵守有关证券投资的法律、行政法规，维护投资人合法权益；依法维护会员的合法权益，反映会员的建议和要求；制定和实施行业自律规则，监督、检查会员及其从业人员的执业行为，对违反自律规则和协会章程的，按照规定给予纪律处分；制定行业执业标准和业务规范，组织基金从业人员的从业考试、资质管理和业务培训；提供会员服务，组织行业交流，推动行业创新，开展行业宣传和投资人教育活动；对会员之间、会员与客户之间发生的基金业务纠纷进行调解；依法办理非公开募集基金的登记、备案；协会章程规定的其他职责。

基金业协会会员分为三类，即普通会员、联席会员、特别会员。截至2012年底，基金业协会共有会员178家，其中普通会员90家，联席会员63家，特别会员25家。

A3.17　中国资本市场学院

中国资本市场学院（简称资本市场学院）成立于2012年8月13日，是由中国证监会直接管理的非营利性事业单位，由深圳证券交易所、上海证券交易所、上海期货交易所、中国金融期货交易所、大连商品交易所、郑州商品交易所以及中国证券登记结算有限责任公司共同出资20亿元建设。

资本市场学院致力于为中国资本市场的创新发展提供智力支持，培养高端人才。学院定位为高层次、市场化、国际化的研究平台、特色教育平台、高端培训平台，以及在此基础上衍生的咨询顾问平台、设计开发平台、信息智库平台，集研究、教育、培训于一体。资本市场学院注重自身特色和品牌打造，强调高起点、高标准、高质量、严要求，在整合资源能力、课程研发设计、中国资本市场案例中心建设、研究课题的过程管理及深化应用、培训项目的精细化流程化管理、国际双向交流、业务模式创新、信息技术的应用等方面逐步形成特色和优势。

A3.18 北京证券期货研究院

北京证券期货研究院（简称研究院）成立于2012年6月1日，性质为民办非企业单位（法人）。研究院注册资金1亿元人民币。截至2011年底，共有全职研究人员25人。研究院是由中国证监会领导的高端智库和人才库，目标是支持中国证券期货市场和经济金融领域改革发展，主要职责包括有关资本市场改革发展创新的战略性和前瞻性问题的研究；有关政策措施的课题支持研究；为资本市场健康发展创造良好外部环境的相关措施的研究；人才的储备、培训、输送及“旋转门机制”的建立。

附　　表

Tables

附表 1　中国证券期货市场主要统计数据（2000～2012 年）

指标 \ 年份	2000	2001	2002	2003	2004	2005	2006	2007	2008	2009	2010	2011	2012
境内上市公司数（A、B 股）（家）	1 088	1 160	1 224	1 287	1 377	1 381	1 434	1 550	1 625	1 718	2 063	2 342	2 494
境内上市外资股（B 股）（家）	114	112	111	111	110	109	109	109	109	108	108	108	107
境外上市公司数（家）	52	60	75	93	111	122	143	148	153	159	165	171	179
股票总发行股本（亿股）	3 791.71	5 218.01	5 875.45	6 428.46	7 149.43	7 629.51	14 926.35	22 416.85	24 522.85	26 162.85	33 184.35	36 095.52	38 395.00
其中：流通股本	1 354.26	1 813.17	2 036.90	2 269.92	2 577.18	2 914.77	3 444.50	10 331.52	12 578.91	19 759.53	25 642.03	28 850.26	31 339.60
股票市价总值（亿元）	48 090.94	43 522.20	38 329.12	42 457.72	37 055.57	32 430.28	89 403.89	327 140.89	121 366.44	243 939.12	265 422.59	214 758.10	230 357.62
其中：股票流通市值	16 087.52	14 463.17	12 484.55	13 178.52	11 688.64	10 630.53	25 003.64	93 064.35	45 213.9	151 258.65	193 110.41	164 921.30	181 658.26
股票成交金额（亿元）	60 826.65	38 305.18	27 990.46	32 115.27	42 333.95	31 663.16	90 468.92	460 556.22	267 112.64	535 986.74	545 633.54	421 649.73	314 667.41
上证综合指数（收盘）	2 073.48	1 645.97	1 357.65	1 497.04	1 266.50	1 161.06	2 675.47	5 261.56	1 820.81	3 277.14	2 808.08	2 199.42	2 269.13
深证综合指数（收盘）	635.73	475.94	388.76	378.62	315.81	278.74	550.59	1 447.02	553.30	1 201.34	1 290.87	866.65	881.17
投资者开户数（万户）	6 154.53	6 965.90	7 202.16	7 344.41	7 215.74	7 336.07	7 849.27	13 887.02	15 198.01	17 149.67	18 858.28	21 636.55	22 717.42
交易所债券成交金额（亿元）	19 119.16	20 417.76	33 249.53	62 136.36	50 323.50	28 367.85	18 279.32	20 667.21	28 884.94	40 635.06	76 011.5	216 349.51	403 426.49
证券投资基金只数（只）	34	51	71	95	161	218	307	346	439	557	704	914	1 173
证券投资基金规模（亿份）	560.00	811.26	1 330.36	1 632.76	3 308.79	4 714.92	6 220.69	22 339.84	25 741.25	24 535.89	25 200.75	26 510.37	31 708.41
证券投资基金成交金额（亿元）	2 465.79	2 561.88	1 166.58	682.65	728.58	773.13	1 879.05	8 620.10	5 831.06	10 249.58	8 996.43	6 365.80	8 667.36
期货总成交量（万手）	5 461.07	12 046.35	13 943.37	27 992.43	30 569.76	32 287.41	44 947.41	72 800	136 396	215 743	313 368.83	105 413.75	145 052.57
期货总成交额量（亿元）	16 082.29	30 144.98	39 490.28	108 396.59	146 935.32	134 462.71	210 046.32	410 000.00	719 173.35	1 305 107.20	3 080 592.41	1 375 162.44	1 711 269.36

注：1. 数据来源：中国证监会，各证券、期货交易所，中国证券业、期货业协会。

2. 本表中有关股票的指标数值均涵盖 A、B 股。

3. 2011 年起期货成交量和成交额改为单边统计。

4. 2012 年证券投资基金成交金额包括 ETF 及 LOF。

附表2　外资参股证券公司一览表

序号	公司名称	境外股东名称
1	中国国际金融有限责任公司	新加坡政府投资公司
		TPG Aisa V Delaware, L. P.
		KKR Institutions Investments L. P.
		大东方人寿保险有限公司
		名力集团控股有限公司
2	中银国际证券有限责任公司	中银国际控股有限公司
3	光大证券有限公司	中国光大控股有限公司
4	财富里昂证券有限公司	法国里昂证券资本市场公司
5	海际大和证券有限公司	日本大和证券公司
6	高盛高华证券有限公司	高盛（亚洲）有限公司
7	瑞银证券有限责任公司	瑞士银行有限公司
		国际金融公司
8	瑞信方正证券有限责任公司	瑞士信贷
9	中德证券有限责任公司	德意志银行
10	华英证券有限责任公司	苏格兰皇家银行公众有限公司
11	摩根士丹利华鑫证券有限责任公司	摩根士丹利（亚洲）有限公司
12	第一创业摩根大通证券有限责任公司	摩根大通经纪（香港）有限公司
13	东方花旗证券有限公司	花旗环球金融亚洲有限公司

注：经中国证监会批准，长江巴黎百富勤证券有限公司外方股东法国巴黎银行已于2006年12月8日将所持33%股权全部转让给长江证券，长江巴黎百富勤证券有限公司变更为长江证券的全资子公司。

附表3　外资参股基金管理公司一览表

序号	公司名称	境外股东名称
1	国泰基金管理有限公司	意大利忠利集团
2	华夏基金管理有限公司	加拿大鲍尔公司
3*	鹏华基金管理有限公司	意大利欧利盛资本资产管理股份公司
4	嘉实基金管理有限公司	德意志资产管理（亚洲）公司（新加坡注册）
5	长盛基金管理有限公司	新加坡星展银行有限公司
6	富国基金管理有限公司	加拿大蒙特利尔银行
7	融通基金管理有限公司	日兴资产管理公司
8*	国投瑞银基金管理有限公司	瑞士银行股份有限公司
9*	泰达宏利基金管理有限公司	宏利资产管理（香港）有限公司
10	金鹰基金管理有限公司	东亚联丰投资管理有限公司
11	招商基金管理有限公司	荷兰投资公司
12*	华宝兴业基金管理有限公司	领先资产管理有限公司
13	摩根士丹利华鑫基金管理有限公司	摩根士丹利国际控股公司
14*	国联安基金管理有限公司	德国安联集团

续表

序号	公司名称	境外股东名称
15*	海富通基金管理有限公司	法国巴黎投资管理 BE 控股公司
16*	景顺长城基金管理有限公司	美国景顺资产管理公司（英国注册）
17*	兴业全球基金管理有限公司	荷兰全球人寿保险国际公司
18	申万菱信基金管理有限公司	三菱 UFJ 信托银行株式会社
19	中海基金管理有限公司	法国爱德蒙得洛希尔银行股份有限公司
20*	上投摩根基金管理有限公司	摩根富林明资产管理有限公司
21	光大保德信基金管理有限公司	保德信投资管理有限公司
22	中银基金管理有限公司	贝莱德投资管理（英国）有限公司
23*	国海富兰克林基金管理有限公司	美国坦伯顿国际股份有限公司
24*	华泰柏瑞基金管理有限公司	柏瑞投资有限责任公司
25	工银瑞信基金管理有限公司	瑞士信贷银行股份有限公司
26	交银施罗德基金管理有限公司	施罗德投资管理公司
27*	信诚基金管理有限公司	英国保诚集团股份有限公司
28	建信基金管理有限责任公司	美国信安金融服务公司
29*	汇丰晋信基金管理有限公司	汇丰环球投资管理（英国）有限公司
30	中邮创业基金管理有限公司	三井住友银行股份有限公司
31	信达澳银基金管理有限公司	康联首域集团有限公司
32*	诺德基金管理有限公司	美国诺德·安博特公司
33*	中欧基金管理有限公司	意大利意联银行股份合作公司
34*	金元惠理基金管理有限公司	惠理基金管理香港有限公司
35	浦银安盛基金管理有限公司	法国安盛投资管理公司
36	农银汇理基金管理有限公司	东方汇理资产管理公司
37	民生加银基金管理有限公司	加拿大皇家银行
38*	纽银梅隆西部基金管理有限公司	纽约银行梅隆资产管理国际有限公司
39	平安大华基金管理有限公司	大华资产管理有限公司
40	方正富邦基金管理有限公司	富邦证券投资信托股份有限公司
41	华宸未来基金管理有限公司	未来资产基金管理公司
42*	中原英石基金管理有限公司	安石投资管理有限公司
43*	华润元大基金管理有限公司	元大宝来证券投资信托股份有限公司

注：*代表外资股权为49%。

附表4　外资参股期货公司一览表

	境内期货公司	境外股东名称
1	银河期货有限公司	苏皇金融期货亚洲有限公司
2	中信新际期货有限公司	新际经纪香港有限公司
3	摩根大通期货有限公司	摩根大通经纪（香港）有限公司

附表 5　合格境外机构投资者一览表

序号	合格境外机构投资者（QFII）名称	批准时间	注册地
1	瑞士银行	2003 年 5 月 23 日	瑞士
2	野村证券株式会社	2003 年 5 月 23 日	日本
3	摩根士丹利国际股份有限公司	2003 年 6 月 5 日	英国
4	花旗环球金融有限公司	2003 年 6 月 5 日	英国
5	高盛公司	2003 年 7 月 4 日	美国
6	德意志银行	2003 年 7 月 30 日	德国
7	香港上海汇丰银行有限公司	2003 年 8 月 4 日	中国香港
8	荷兰安智银行股份有限公司	2003 年 9 月 10 日	荷兰
9	摩根大通银行	2003 年 9 月 30 日	美国
10	瑞士信贷（香港）有限公司	2003 年 10 月 24 日	中国香港
11	渣打银行（香港）有限公司	2003 年 12 月 11 日	中国香港
12	日兴资产管理有限公司	2003 年 12 月 11 日	日本
13	美林国际	2004 年 4 月 30 日	英国
14	恒生银行有限公司	2004 年 5 月 10 日	中国香港
15	大和证券资本市场株式会社	2004 年 5 月 10 日	日本
16	雷曼兄弟国际（欧洲）公司	2004 年 7 月 6 日	英国
17	比尔及梅林达盖茨信托基金会	2004 年 7 月 19 日	美国
18	景顺资产管理有限公司	2004 年 8 月 4 日	英国
19	荷兰银行有限公司	2004 年 9 月 2 日	荷兰
20	法国兴业银行	2004 年 9 月 2 日	法国
21	巴克莱银行	2004 年 9 月 15 日	英国
22	德国商业银行	2004 年 9 月 27 日	德国
23	富通银行	2004 年 9 月 29 日	比利时
24	法国巴黎银行	2004 年 9 月 29 日	法国
25	加拿大鲍尔公司	2004 年 10 月 15 日	加拿大
26	东方汇理银行	2004 年 10 月 15 日	法国
27	高盛国际资产管理公司	2005 年 5 月 9 日	英国
28	马丁可利投资管理有限公司	2005 年 10 月 25 日	英国
29	新加坡政府投资有限公司	2005 年 10 月 25 日	新加坡
30	柏瑞投资有限责任公司	2005 年 11 月 14 日	美国
31	淡马锡富敦投资有限公司	2005 年 11 月 15 日	新加坡
32	JF 资产管理有限公司	2005 年 12 月 28 日	中国香港
33	日本第一生命保险相互会社	2005 年 12 月 28 日	日本
34	新加坡星展银行	2006 年 2 月 13 日	新加坡

续表

序号	合格境外机构投资者（QFII）名称	批准时间	注册地
35	安保资本投资有限公司	2006 年 4 月 10 日	澳大利亚
36	加拿大丰业银行	2006 年 4 月 10 日	加拿大
37	比联金融产品英国有限公司	2006 年 4 月 10 日	英国
38	法国爱德蒙得洛希尔银行	2006 年 4 月 10 日	法国
39	耶鲁大学	2006 年 4 月 14 日	美国
40	摩根士丹利投资管理公司	2006 年 7 月 7 日	美国
41	英国保诚资产管理（香港）有限公司	2006 年 7 月 7 日	中国香港
42	斯坦福大学	2006 年 8 月 5 日	美国
43	通用电气资产管理公司	2006 年 8 月 5 日	美国
44	大华银行有限公司	2006 年 8 月 5 日	新加坡
45	施罗德投资管理有限公司	2006 年 8 月 29 日	英国
46	汇丰环球投资管理（香港）有限公司	2006 年 9 月 5 日	中国香港
47	瑞穗证券株式会社	2006 年 9 月 5 日	日本
48	瑞银环球资产管理（新加坡）有限公司	2006 年 9 月 25 日	新加坡
49	三井住友资产管理株式会社	2006 年 9 月 25 日	日本
50	挪威中央银行	2006 年 10 月 24 日	挪威
51	百达资产管理有限公司	2006 年 10 月 25 日	英国
52	哥伦比亚大学	2008 年 3 月 12 日	美国
53	保德信资产运用株式会社	2008 年 4 月 7 日	韩国
54	荷宝基金管理公司	2008 年 5 月 5 日	荷兰
55	道富环球投资管理亚洲有限公司	2008 年 5 月 16 日	中国香港
56	铂金投资管理有限公司	2008 年 6 月 2 日	澳大利亚
57	比利时联合资产管理有限公司	2008 年 6 月 2 日	比利时
58	未来资产基金管理公司	2008 年 7 月 25 日	韩国
59	安达国际控股有限公司	2008 年 8 月 5 日	美国
60	魁北克储蓄投资集团	2008 年 8 月 22 日	加拿大
61	哈佛大学	2008 年 8 月 22 日	美国
62	三星投资信托运用株式会社	2008 年 8 月 25 日	韩国
63	联博有限公司	2008 年 8 月 28 日	英国
64	华侨银行有限公司	2008 年 8 月 28 日	新加坡
65	首域投资管理（英国）有限公司	2008 年 9 月 11 日	英国
66	大和证券投资信托委托株式会社	2008 年 9 月 11 日	日本
67	壳牌资产管理有限公司	2008 年 9 月 12 日	荷兰
68	普信国际公司	2008 年 9 月 12 日	美国

续表

序号	合格境外机构投资者（QFII）名称	批准时间	注册地
69	瑞士信贷银行股份有限公司	2008 年 10 月 14 日	瑞士
70	大华资产管理有限公司	2008 年 11 月 28 日	新加坡
71	阿布扎比投资局	2008 年 12 月 3 日	阿联酋
72	德盛安联资产管理（卢森堡）	2008 年 12 月 16 日	卢森堡
73	资本国际公司	2008 年 12 月 18 日	美国
74	三菱日联摩根士丹利证券股份有限公司	2008 年 12 月 29 日	日本
75	韩华投资信托管理株式会社	2009 年 2 月 5 日	韩国
76	新兴市场管理有限公司	2009 年 2 月 10 日	美国
77	DWS 投资管理有限公司	2009 年 2 月 24 日	卢森堡
78	韩国产业银行	2009 年 4 月 23 日	韩国
79	韩国友利银行股份有限公司	2009 年 5 月 4 日	韩国
80	马来西亚国家银行	2009 年 5 月 19 日	马来西亚
81	罗祖儒投资管理（香港）有限公司	2009 年 5 月 27 日	中国香港
82	邓普顿投资顾问有限公司	2009 年 6 月 5 日	美国
83	东亚联丰投资管理有限公司	2009 年 6 月 18 日	中国香港
84	日本住友信托银行股份有限公司	2009 年 6 月 26 日	日本
85	韩国投资信托运用株式会社	2009 年 7 月 21 日	韩国
86	霸菱资产管理有限公司	2009 年 8 月 6 日	英国
87	安石投资管理有限公司	2009 年 9 月 14 日	英国
88	纽约梅隆资产管理国际有限公司	2009 年 11 月 6 日	英国
89	宏利资产管理（香港）有限公司	2009 年 11 月 20 日	中国香港
90	野村资产管理株式会社	2009 年 11 月 23 日	日本
91	东洋资产运用（株）	2009 年 12 月 11 日	韩国
92	加拿大皇家银行	2009 年 12 月 23 日	加拿大
93	英杰华投资集团全球服务有限公司	2009 年 12 月 28 日	英国
94	常青藤资产管理公司	2010 年 2 月 8 日	美国
95	达以安资产管理公司	2010 年 4 月 20 日	日本
96	法国欧菲资产管理公司	2010 年 5 月 21 日	法国
97	安本亚洲资产管理公司	2010 年 7 月 6 日	新加坡
98	KB 资产运用	2010 年 8 月 9 日	韩国
99	富达基金（香港）有限公司	2010 年 9 月 1 日	中国香港
100	美盛投资（欧洲）有限公司	2010 年 10 月 8 日	英国
101	香港金融管理局	2010 年 10 月 27 日	中国香港
102	富邦证券投资信托股份有限公司	2010 年 10 月 29 日	中国台湾

续表

序号	合格境外机构投资者（QFII）名称	批准时间	注册地
103	群益证券投资信托股份有限公司	2010 年 10 月 29 日	中国台湾
104	蒙特利尔银行投资公司	2010 年 12 月 6 日	加拿大
105	瑞士宝盛银行	2010 年 12 月 14 日	瑞士
106	科提比资产运用株式会社	2010 年 12 月 28 日	韩国
107	领先资产管理	2011 年 2 月 16 日	法国
108	宝来证券投资信托股份有限公司	2011 年 3 月 4 日	中国台湾
109	忠利保险有限公司	2011 年 3 月 18 日	意大利
110	西班牙对外银行有限公司	2011 年 5 月 6 日	西班牙
111	国泰证券投资信托股份有限公司	2011 年 6 月 9 日	中国台湾
112	复华证券投资信托股份有限公司	2011 年 6 月 9 日	中国台湾
113	亢简资产管理公司	2011 年 6 月 24 日	法国
114	东方汇理资产管理香港有限公司	2011 年 7 月 14 日	中国香港
115	贝莱德机构信托公司	2011 年 7 月 14 日	美国
116	GMO 有限责任公司	2011 年 8 月 9 日	美国
117	新加坡金融管理局	2011 年 10 月 8 日	新加坡
118	中国人寿保险股份有限公司（台湾）	2011 年 10 月 26 日	中国台湾
119	新光人寿保险股份有限公司	2011 年 10 月 26 日	中国台湾
120	普林斯顿大学	2011 年 11 月 25 日	美国
121	新光投信株式会社	2011 年 11 月 25 日	日本
122	加拿大年金计划投资委员会	2011 年 12 月 9 日	加拿大
123	泛达公司	2011 年 12 月 9 日	美国
124	瀚博环球投资公司	2011 年 12 月 13 日	美国
125	安耐德合伙人有限公司	2011 年 12 月 13 日	美国
126	泰国银行	2011 年 12 月 16 日	泰国
127	科威特政府投资局	2011 年 12 月 21 日	科威特
128	北美信托环球投资公司	2011 年 12 月 21 日	英国
129	台湾人寿保险股份有限公司	2011 年 12 月 21 日	中国台湾
130	韩国银行	2011 年 12 月 21 日	韩国
131	安大略省教师养老金计划委员会	2011 年 12 月 22 日	加拿大
132	韩国投资公司	2011 年 12 月 28 日	韩国
133	罗素投资（爱尔兰）有限公司	2011 年 12 月 28 日	爱尔兰
134	迈世勒资产管理有限责任公司	2011 年 12 月 31 日	德国
135	华宜资产运用有限公司	2011 年 12 月 31 日	韩国
136	新韩法国巴黎资产运用株式会社	2012 年 1 月 5 日	韩国

续表

序号	合格境外机构投资者（QFII）名称	批准时间	注册地
137	家庭医生退休基金	2012 年 1 月 5 日	荷兰
138	国民年金公团（韩国）	2012 年 1 月 5 日	韩国
139	三商美邦人寿保险股份有限公司	2012 年 1 月 30 日	中国台湾
140	保德信证券投资信托股份有限公司	2012 年 1 月 31 日	中国台湾
141	信安环球投资有限公司	2012 年 1 月 31 日	美国
142	医院管理局公积金计划	2012 年 1 月 31 日	中国香港
143	全球人寿保险股份有限公司	2012 年 2 月 3 日	中国台湾
144	大众信托基金有限公司	2012 年 2 月 3 日	马来西亚
145	明治安田资产管理有限公司	2012 年 2 月 27 日	日本
146	国泰人寿保险股份有限公司	2012 年 2 月 28 日	中国台湾
147	三井住友银行株式会社	2012 年 2 月 28 日	日本
148	富邦人寿保险股份有限公司	2012 年 3 月 1 日	中国台湾
149	美国友邦保险有限公司	2012 年 3 月 5 日	中国香港
150	纽伯格伯曼欧洲有限公司	2012 年 3 月 5 日	英国
151	马来西亚国库控股公司	2012 年 3 月 7 日	马来西亚
152	资金研究与管理公司	2012 年 3 月 9 日	美国
153	日本东京海上资产管理株式会社	2012 年 3 月 14 日	日本
154	韩亚大投株式会社	2012 年 3 月 29 日	韩国
155	兴元资产管理有限公司	2012 年 3 月 30 日	美国
156	伦敦市投资管理有限公司	2012 年 3 月 30 日	英国
157	摩根资产管理（英国）有限公司	2012 年 3 月 30 日	英国
158	冈三资产管理股份有限公司	2012 年 3 月 30 日	日本
159	预知投资管理公司	2012 年 4 月 18 日	南非
160	东部资产运用株式会社	2012 年 4 月 20 日	韩国
161	骏利资产管理有限公司	2012 年 4 月 20 日	美国
162	瑞穗投信投资顾问有限公司	2012 年 4 月 26 日	日本
163	瀚森全球投资有限公司	2012 年 4 月 28 日	英国
164	欧利盛资产管理有限公司	2012 年 5 月 2 日	卢森堡
165	中银国际（英国）保诚资产管理有限公司	2012 年 5 月 3 日	中国香港
166	富敦资金管理有限公司	2012 年 5 月 4 日	新加坡
167	利安资金管理公司	2012 年 5 月 7 日	新加坡
168	忠利基金管理有限公司	2012 年 5 月 23 日	卢森堡
169	威廉博莱公司	2012 年 5 月 24 日	美国
170	天达资产管理有限公司	2012 年 5 月 28 日	英国

续表

序号	合格境外机构投资者（QFII）名称	批准时间	注册地
171	安智投资管理亚太（香港）有限公司	2012 年 6 月 4 日	中国香港
172	三菱日联资产管理公司	2012 年 6 月 4 日	日本
173	中银集团人寿保险有限公司	2012 年 7 月 12 日	中国香港
174	霍尔资本有限公司	2012 年 8 月 6 日	美国
175	得克萨斯大学体系董事会	2012 年 8 月 6 日	美国
176	南山人寿保险股份有限公司	2012 年 8 月 6 日	中国台湾
177	SUVA 瑞士国家工伤保险机构	2012 年 8 月 13 日	瑞士
178	不列颠哥伦比亚省投资管理公司	2012 年 8 月 17 日	加拿大
179	惠理基金管理香港有限公司	2012 年 8 月 21 日	中国香港
180	安大略省退休金管理委员会	2012 年 8 月 29 日	加拿大
181	教会养老基金	2012 年 8 月 31 日	美国
182	麦格里银行有限公司	2012 年 9 月 4 日	澳大利亚
183	瑞典第二国家养老金	2012 年 9 月 20 日	瑞典
184	海通资产管理（香港）有限公司	2012 年 9 月 20 日	中国香港
185	IDG 资本管理（香港）有限公司	2012 年 9 月 20 日	中国香港
186	杜克大学	2012 年 9 月 24 日	美国
187	卡塔尔控股有限责任公司	2012 年 9 月 25 日	卡塔尔
188	瑞士盈丰银行股份有限公司	2012 年 9 月 26 日	瑞士
189	海拓投资管理公司	2012 年 10 月 26 日	美国
190	奥博医疗股份有限公司	2012 年 10 月 26 日	美国
191	新思路投资有限公司	2012 年 10 月 26 日	新加坡
192	贝莱德资产管理（北亚）有限公司	2012 年 10 月 26 日	中国香港
193	摩根证券投资信托股份有限公司	2012 年 11 月 5 日	中国台湾
194	全球保险集团美国投资管理有限公司	2012 年 11 月 5 日	美国
195	鼎晖投资咨询（新加坡）有限公司	2012 年 11 月 7 日	新加坡
196	瑞典北欧斯安银行有限公司	2012 年 11 月 12 日	瑞典
197	嘉实国际资产管理有限公司	2012 年 11 月 12 日	中国香港
198	灰石投资管理有限公司	2012 年 11 月 21 日	加拿大
199	统一证券投资信托股份有限公司	2012 年 11 月 21 日	中国台湾
200	大和住银投信投资顾问株式会社	2012 年 11 月 19 日	日本
201	毕盛资产管理有限公司	2012 年 11 月 27 日	新加坡
202	中信证券国际投资管理（香港）有限公司	2012 年 12 月 11 日	中国香港
203	太平洋投资策略有限公司	2012 年 12 月 11 日	中国香港
204	易方达资产管理（香港）有限公司	2012 年 12 月 11 日	中国香港
205	高瓴资本管理有限公司	2012 年 12 月 11 日	中国香港
206	永丰证券投资信托股份有限公司	2012 年 12 月 13 日	中国台湾
207	华夏基金（香港）有限公司	2012 年 12 月 25 日	中国香港

附表 6　合格境外机构投资者托管行一览表

序号	QFII 托管行中文名称	序号	QFII 托管行中文名称
1	汇丰银行（中国）有限公司	10	中国招商银行股份有限公司
2	花旗银行（中国）有限公司	11	德意志银行（中国）有限公司
3	渣打银行（中国）有限公司	12	新加坡星展银行
4	中国工商银行股份有限公司	13	中国中信银行股份有限公司
5	中国银行股份有限公司	14	上海浦东发展银行股份有限公司
6	中国农业银行股份有限公司	15	中国民生银行股份有限公司
7	交通银行股份有限公司	16	三菱东京日联银行（中国）有限公司
8	中国建设银行股份有限公司	17	兴业银行股份有限公司
9	中国光大银行股份有限公司	—	—

附表 7　境外证券类机构驻华代表处一览表

序号	机构名称	辖区
1	野村证券株式会社上海代表处	上海
2	法国巴黎资本（亚洲）有限公司上海代表处	上海
3	美林国际有限公司上海代表处	上海
4	里昂证券有限公司上海代表处	上海
5	新鸿基投资服务有限公司上海代表处	上海
6	摩根士丹利亚洲有限公司上海代表处	上海
7	高盛（中国）有限责任公司上海代表处	上海
8	巴克莱证券有限公司上海代表处	上海
9	苏皇证券亚洲有限公司上海代表处	上海
10	友利投资证券公司上海代表处	上海
11	瑞银证券亚洲有限公司上海代表处	上海
12	群益国际控股有限公司上海代表处	上海
13	元大证券（香港）有限公司上海代表处	上海
14	韩国现代证券公司上海代表处	上海
15	元富证券（香港）有限公司上海代表处	上海
16	日盛嘉富证券国际有限公司上海代表处	上海
17	永丰金证券（亚洲）有限公司上海代表处	上海
18	星展唯高达香港有限公司上海代表处	上海
19	星展亚洲融资有限公司上海代表处	上海
20	兆丰资本（亚洲）有限公司上海代表处	上海
21	花旗环球金融亚洲有限公司上海代表处	上海
22	凯基证券亚洲有限公司上海代表处	上海

续表

序号	机构名称	辖区
23	洛希尔中国控股有限公司上海代表处	上海
24	海通国际证券有限公司上海代表处	上海
25	统一证券（香港）有限公司上海代表处	上海
26	韩国三星证券公司上海代表处	上海
27	大华证券（香港）有限公司上海代表处	上海
28	香港上海汇丰银行有限公司（证券业务）上海代表处	上海
29	韩华证券股份有限公司上海代表处	上海
30	内藤证券公司上海代表处	上海
31	摩根大通证券（亚太）有限公司上海代表处	上海
32	卓亚（企业融资）有限公司上海代表处	上海
33	法国兴业银行（香港）有限公司上海代表处	上海
34	台湾元大宝来证券股份有限公司上海代表处	上海
35	瑞士信贷（香港）有限公司上海代表处	上海
36	日本瑞穗证券股份有限公司上海代表处	上海
37	德意志银行股份有限公司（证券业务）上海代表处	上海
38	富邦综合证券股份有限公司上海代表处	上海
39	渣打证券（香港）有限公司上海代表处	上海
40	美国富瑞金融集团上海代表处	上海
41	派杰公司上海代表处	上海
42	冈三证券股份有限公司上海代表处	上海
43	威廉博莱有限责任公司上海代表处	上海
44	麦格理证券（澳大利亚）股份有限公司上海代表处	上海
45	致富证券有限公司上海代表处	上海
46	东洋证券股份有限公司上海代表处	上海
47	韩国大信证券股份有限公司上海代表处	上海
48	益华证券有限公司上海代表处	上海
49	新韩金融投资股份有限公司上海代表处	上海
50	蓝泽证券股份有限公司上海代表处	上海
51	韩国爱思开证券股份有限公司上海代表处	上海
52	香港联昌证券有限公司上海代表处	上海
53	盈透证券有限公司上海代表处	上海
54	华南永昌综合证券股份有限公司上海代表处	上海
55	韦仕投资银行集团有限合伙上海代表处	上海
56	明富环球新加坡私人有限公司（证券业务）上海代表处	上海

续表

序号	机构名称	辖区
57	大宇证券股份有限公司上海代表处	上海
58	香港博大证券有限公司上海代表处	上海
59	香港第一金和昇证券有限公司上海代表处	上海
60	大和投资管理（香港）有限公司上海代表处	上海
61	三井住友资产管理股份有限公司上海代表处	上海
62	马丁可利投资管理有限公司上海代表处	上海
63	英国施罗德集团上海代表处	上海
64	英杰华投资集团全球服务有限公司上海代表处	上海
65	荷宝基金管理公司上海代表处	上海
66	未来资产迈普斯资产运用株式会社上海代表处	上海
67	新加坡东京海上国际资产管理有限公司上海代表处	上海
68	新加坡安本亚洲资产管理有限公司上海代表处	上海
69	科提比资产运用株式会社上海代表处	上海
70	日本大和住银投信投资顾问株式会社上海代表处	上海
71	道富环球投资管理亚洲有限公司上海代表处	上海
72	德盛安联资产管理香港有限公司上海代表处	上海
73	新加坡利安资金管理公司上海代表处	上海
74	富达基金（香港）有限公司上海代表处	上海
75	法国巴黎投资管理亚洲有限公司上海代表处	上海
76	韩国投资信托运用株式会社上海代表处	上海
77	韩国华宜资产运用株式会社上海代表处	上海
78	台湾复华证券投资信托股份有限公司上海代表处	上海
79	台湾元大宝来证券投资信托股份有限公司上海代表处	上海
80	野村投资管理香港有限公司上海代表处	上海
81	日本野村证券株式会社北京代表处	北京
82	大和证券株式会社北京代表处	北京
83	三菱日联证券股份有限公司北京代表处	北京
84	瑞士信贷（香港）有限公司北京代表处	北京
85	高盛（中国）有限责任公司北京代表处	北京
86	美林国际有限公司北京代表处	北京
87	花旗环球金融中国有限公司北京代表处	北京
88	摩根士丹利亚洲有限公司北京代表处	北京
89	瑞银证券亚洲有限公司北京代表处	北京
90	台湾宝来证券股份有限公司北京代表处	北京

续表

序号	机构名称	辖区
91	里昂证券有限公司北京代表处	北京
92	苏皇融资亚洲有限公司北京代表处	北京
93	法国巴黎资本（亚洲）有限公司北京代表处	北京
94	汇富金融服务有限公司北京代表处	北京
95	渣打证券（香港）有限公司北京代表处	北京
96	洛希尔中国控股有限公司北京代表处	北京
97	京华山一国际（香港）有限公司北京代表处	北京
98	香港上海汇丰银行有限公司（证券业务）北京代表处	北京
99	兆丰资本（亚洲）有限公司北京代表处	北京
100	香港国浩资本有限公司北京代表处	北京
101	新百利有限公司北京代表处	北京
102	台湾摩根大通证券（亚太）有限公司北京代表处	北京
103	元大宝来证券股份有限公司北京代表处	北京
104	德意志银行股份有限公司（证券业务）北京代表处	北京
105	日本瑞穗证券股份有限公司北京代表处	北京
106	香港星展亚洲融资有限公司北京代表处	北京
107	香港第一上海融资有限公司北京代表处	北京
108	中银国际控股有限公司北京代表处	北京
109	蒙特利尔银行利时证券公司北京代表处	北京
110	法国外贸银行（证券业务）北京代表处	北京
111	日本三井住友信托银行股份有限公司（证券业务）北京代表处	北京
112	韩国未来资产证券株式会社北京代表处	北京
113	加皇投资理财有限公司北京代表处	北京
114	交银国际控股有限公司北京代表处	北京
115	韩国友利投资证券股份有限公司北京代表处	北京
116	城市信贷投资银行有限公司北京代表处	北京
117	韩国大宇证券股份有限公司北京代表处	北京
118	现汽投资证券股份有限公司北京代表处	北京
119	布朗兄弟哈里曼（香港）有限公司北京代表处	北京
120	加拿大帝国商业银行世界市场公司（证券业务）北京代表处	北京
121	太平洋顶峰证券有限公司北京代表处	北京
122	摩乃科斯证券股份有限公司北京代表处	北京
123	富邦综合证券股份有限公司北京代表处	北京
124	韩亚大投资证券股份有限公司北京代表处	北京

续表

序号	机构名称	辖区
125	香港致富证券有限公司北京代表处	北京
126	美国飞腾投资公司北京代表处	北京
127	施罗德集团北京代表处	北京
128	宏富投资管理有限公司北京代表处	北京
129	美国先锋投资管理公司北京代表处	北京
130	邓普顿国际股份有限公司北京代表处	北京
131	信安环球投资有限公司北京代表处	北京
132	标准人寿投资公司北京代表处	北京
133	法国巴黎资产管理有限公司北京代表处	北京
134	英国纽约银行梅隆资产管理国际有限公司北京代表处	北京
135	东方汇理基金管理公司北京代表处	北京
136	香港景顺投资管理有限公司北京代表处	北京
137	瑞银环球资产管理（香港）有限公司北京代表处	北京
138	香港摩根资产管理有限公司北京代表处	北京
139	香港威灵顿环球投资管理有限公司北京代表处	北京
140	新加坡富敦资金管理公司北京代表处	北京
141	安智投资管理亚太（香港）有限公司北京代表处	北京
142	富达基金（香港）有限公司北京代表处	北京
143	香港贝莱德资产管理北亚有限公司北京代表处	北京
144	法盛全球资产管理公司北京代表处	北京
145	澳大利亚罗素投资集团有限公司北京代表处	北京
146	新加坡摩根士丹利投资管理公司北京代表处	北京
147	美国桥水投资公司北京代表处	北京
148	法国安盛投资管理巴黎公司北京代表处	北京
149	英国百能投资管理有限公司北京代表处	北京
150	香港英仕曼投资（香港）有限公司北京代表处	北京
151	新鸿基投资服务有限公司深圳代表处	深圳
152	苏皇融资亚洲有限公司深圳代表处	深圳
153	里昂证券有限公司深圳代表处	深圳
154	兆丰资本（亚洲）有限公司深圳代表处	深圳
155	凯基证券亚洲有限公司深圳代表处	深圳
156	元富证券（香港）有限公司深圳代表处	深圳
157	致富证券有限公司深圳代表处	深圳
158	富昌证券有限公司深圳代表处	深圳

续表

序号	机构名称	辖区
159	元大宝来证券（香港）有限公司深圳代表处	深圳
160	恒生投资管理有限公司深圳代表处	深圳
161	新鸿基投资服务有限公司（证券业务）广州代表处	广东
162	统一综合证券股份有限公司厦门代表处	厦门
163	富邦综合证券股份有限公司厦门代表处	厦门
164	元富证券（香港）有限公司厦门代表处	厦门
165	新鸿基投资服务有限公司（证券业务）南京代表处	江苏
166	香港华富嘉洛证券有限责任公司沈阳代表处	辽宁
167	结好证券有限公司宁波代表处	宁波

附表 8　境外交易所设立驻华代表处一览表

序号	境外交易所名称	序号	境外交易所名称
1	香港交易及结算所有限公司	6	新加坡交易所有限公司
2	纽约证券交易所有限责任公司	7	伦敦证券交易所有限责任公司
3	纳斯达克股票市场股份有限公司	8	德意志交易所股份有限公司
4	东京证券交易所株式会社	9	多伦多证券交易所公司
5	韩国交易所	—	—

附表 9　在香港特别行政区设立分支机构的内地证券公司一览表

序号	公司名称	序号	公司名称
1	中金公司	13	安信证券
2	招商证券	14	东方证券
3	中信证券	15	中国建银投资证券
4	国泰君安	16	长江证券
5	国元证券	17	光大证券
6	广发证券	18	银河证券
7	华泰证券	19	兴业证券
8	申银万国	20	财通证券
9	海通证券	21	齐鲁证券
10	平安证券	22	方正证券
11	国信证券	23	中信建投
12	国都证券		

附表 10　在香港特别行政区设立分支机构的内地基金管理公司一览表

序号	公司名称	序号	公司名称
1	南方基金	11	上投摩根基金
2	易方达基金	12	国投瑞银基金
3	嘉实基金	13	诺安基金
4	华夏基金	14	工银瑞信基金
5	汇添富基金	15	华宝兴业基金
6	大成基金	16	银华基金
7	博时基金	17	富国基金
8	海富通基金	18	融通基金
9	华安基金	19	长盛基金
10	广发基金	20	招商基金

附表 11　在香港特别行政区设立分支机构的内地期货公司一览表

序号	公司名称	序号	公司名称
1	格林期货	4	中国国际期货
2	浙江永安	5	金瑞期货
3	广发期货	6	南华期货

附录 12　双边监管合作谅解备忘录一览表

序号	时间	境外监管机构名称	备忘录名称	签署地
1	1993 年 6 月 19 日	香港证券暨期货事务监察委员会	监管合作备忘录	北京
2	1994 年 4 月 28 日	美国证券与交易委员会	关于合作、磋商及技术协助的谅解备忘录	北京
3	1995 年 7 月 4 日	香港证券暨期货事务监察委员会	有关期货事宜的监管合作备忘录	北京
4	1995 年 11 月 30 日	新加坡金融管理局	关于监管证券和期货活动的相关合作与信息互换的备忘录	新加坡
5	1996 年 5 月 23 日	澳大利亚证券委员会	证券期货监管合作谅解备忘录	堪培拉
6	1996 年 10 月 7 日	英国财政部、证券与投资委员会	证券期货监管合作谅解备忘录	北京
7	1997 年 3 月 18 日	日本大藏省	谅解备忘录	东京
8	1997 年 4 月 18 日	马来西亚证券委员会	证券期货监管合作谅解备忘录	北京
9	1997 年 11 月 13 日	巴西证券委员会	证券监管合作谅解备忘录	北京
10	1997 年 12 月 22 日	乌克兰证券与股市委员会	证券监管合作谅解备忘录	北京
11	1998 年 3 月 4 日	法国证券委员会	证券期货监管合作谅解备忘录	北京
12	1998 年 10 月 8 日	德国联邦证券监管委员会	证券监管合作谅解备忘录	法兰克福
13	1999 年 11 月 3 日	意大利国家证券监管委员会	证券期货监管合作谅解备忘录	罗马
14	2000 年 6 月 22 日	埃及资本市场委员会	证券监管合作谅解备忘录	邮寄方式

续表

序号	时间	境外监管机构名称	备忘录名称	签署地
15	2001 年 6 月 19 日	韩国金融监督委员会	证券期货监管合作安排	北京
16	2002 年 1 月 18 日	美国商品期货交易委员会	期货监管合作谅解备忘录	华盛顿
17	2002 年 6 月 27 日	罗马尼亚国家证券委员会	证券期货监管合作谅解备忘录	北京
18	2002 年 10 月 29 日	南非共和国金融服务委员会	证券期货监管合作谅解备忘录	比勒陀利亚
19	2002 年 11 月 1 日	荷兰金融市场委员会	证券期货监管合作谅解备忘录	邮寄方式
20	2002 年 11 月 26 日	比利时银行及金融委员会	证券期货监管合作谅解备忘录	北京
21	2003 年 3 月 21 日	加拿大证券监管机构初始参与成员	证券期货监管合作谅解备忘录	邮寄方式
22	2003 年 5 月 22 日	瑞士联邦银行委员会	证券期货监管合作谅解备忘录	邮寄方式
23	2003 年 12 月 9 日	印度尼西亚资本市场监管委员会	关于相互协助和信息交流的谅解备忘录	雅加达
24	2004 年 2 月 20 日	新西兰证券委员会	证券期货监管合作谅解备忘录	惠灵顿
25	2004 年 10 月 14 日	印度尼西亚商品期货交易监管局	期货监管合作谅解备忘录	北京
26	2004 年 10 月 26 日	葡萄牙证券市场委员会	证券期货监管合作谅解备忘录	蒙特利尔
27	2005 年 6 月 14 日	尼日利亚证券交易委员会	证券期货监管合作谅解备忘录	北京
28	2005 年 6 月 27 日	越南证券委员会	证券期货监管合作谅解备忘录	北京
29	2006 年 9 月 15 日	印度共和国证券交易委员会	证券期货监管合作谅解备忘录	北京
30	2006 年 9 月 20 日	阿根廷国家证券委员会	证券期货监管合作谅解备忘录	上海
31	2006 年 9 月 20 日	约旦证券委员会	证券期货监管合作谅解备忘录	上海
32	2006 年 9 月 26 日	挪威金融监管委员会	证券期货监管合作谅解备忘录	奥斯陆
33	2006 年 11 月 10 日	土耳其资本市场委员会	证券期货监管合作谅解备忘录	伊斯坦布尔
34	2006 年 11 月 21 日	印度远期市场委员会	商品期货监管合作谅解备忘录	新德里
35	2006 年 12 月 6 日	阿联酋证券商品委员会	证券期货监管合作谅解备忘录	邮寄方式
36	2007 年 4 月 12 日	泰国证券交易委员会	证券期货监管合作谅解备忘录	孟买
37	2008 年 1 月 15 日	列支敦士登金融管理局	证券期货监管合作谅解备忘录	北京
38	2008 年 1 月 24 日	蒙古金融监督委员会	证券监管合作谅解备忘录	北京
39	2008 年 8 月 8 日	俄罗斯联邦金融市场监督总局	证券期货监管合作谅解备忘录	北京
40	2008 年 9 月 27 日	迪拜金融服务局	证券期货监管合作谅解备忘录	迪拜
41	2008 年 10 月 23 日	爱尔兰金融服务监管局	证券期货监管合作谅解备忘录	北京
42	2008 年 10 月 30 日	奥地利金融市场管理局	证券期货监管合作谅解备忘录	邮寄方式
43	2009 年 10 月 6 日	西班牙国家证券市场委员会	证券期货监管合作谅解备忘录	巴塞尔
44	2009 年 11 月 16 日	台湾方面金融监督管理机构	海峡两岸证券及期货监督管理合作谅解备忘录	邮寄方式
45	2010 年 1 月 26 日	马耳他金融服务局	证券期货监管合作谅解备忘录	瓦莱塔
46	2010 年 5 月 5 日	科威特股票交易所委员会	证券期货监管合作谅解备忘录	科威特城
47	2010 年 12 月 17 日	巴基斯坦证券交易委员会	证券期货监管合作谅解备忘录	伊斯兰堡
48	2011 年 3 月 29 日	以色列证券监管局	证券期货监管合作谅解备忘录	北京
49	2011 年 4 月 7 日	卡塔尔金融市场管理局	证券期货监管合作谅解备忘录	北京
50	2011 年 9 月 19 日	老挝证券交易委员会	证券期货监管合作谅解备忘录	北京
51	2012 年 4 月 24 日	瑞典金融监管局	证券期货监管合作谅解备忘录	斯德哥尔摩
52	2012 年 5 月 17 日①	卢森堡金融监管委员会	证券期货监管合作谅解备忘录	北京
53	2012 年 5 月 17 日	塞浦路斯证券交易委员会	证券期货监管合作谅解备忘录	北京

① 该备忘录是在 1998 年 5 月 18 日中国证监会与卢森堡证券委员会在北京签署的《证券期货监管合作谅解备忘录》基础之上重新签署的。

联 系 方 式

中国证券监督管理委员会

总　　机：010－88061000
主席热线：010－66210182
投诉电话：010－66210166
传　　真：010－66210167
网　　址：www. csrc. gov. cn
地　　址：北京市西城区金融大街19号富凯大厦A座（100033）

上海证券交易所

联系电话：021－68808888
传　　真：021－68804868
电子邮件：webmaster@ secure. sse. com. cn
网　　址：www. sse. com. cn
地　　址：上海市浦东南路528号证券大厦（200120）

深圳证券交易所

联系电话：0755－82083333
传　　真：0755－82083947
电子邮件：cis@ szse. cn
网　　址：www. szse. cn
地　　址：广东省深圳市深南东路5045号（518010）

中国金融期货交易所

联系电话：021－50160666
传　　真：021－50160606
电子邮件：rd@ cffex. com. cn
网　　址：www. cffex. com. cn
地　　址：上海市浦东新区世纪大道1600号陆家嘴商务广场6楼（200122）

上海期货交易所

联系电话：021－68400000
传　　真：021－68401198
电子邮件：info@ shfe. com. cn
网　　址：www. shfe. com. cn
地　　址：上海市浦东新区浦电路500号（200122）

大连商品交易所

联系电话：0411－84808888
传　　真：0411－84808588
电子邮件：office@ dce. com. cn
网　　址：www. dce. com. cn
地　　址：辽宁省大连市会展路129号大连期货大厦（116023）

郑州商品交易所

联系电话：0371－65610069
传　　真：0371－65613068
电子邮件：zhaorong@czce.com.cn
网　　址：www.czce.com.cn
地　　址：河南省郑州市未来大道69号（450008）

中国证券登记结算有限责任公司

联系电话：010－58598888
传　　真：010－66210938
电子邮件：zbshi@chinaclear.com.cn
网　　址：www.chinaclear.com.cn
地　　址：北京市西城区太平桥大街17号（100033）

中国证券投资者保护基金有限责任公司

联系电话：010－66580839
传　　真：010－66580616
电子邮件：lixiang@sipf.com.cn
网　　址：www.sipf.com.cn
地　　址：北京市西城区金融大街5号新盛大厦B座22层（100033）

中国证券金融股份有限公司

联系电话：010－63211666 63211603
传　　真：010－63211601
电子邮件：csf@csf.com.cn
网　　址：www.csf.com.cn
地　　址：北京市西城区丰盛胡同28号中国太平洋保险大厦15层（100032）

中国期货保证金监控中心有限责任公司

联系电话：010－66555088
传　　真：010－66555038
电子邮件：cfmmc@cfmmc.com
网　　址：www.cfmmc.com
地　　址：北京市西城区金融大街5号新盛大厦B座17层（100033）

中证资本市场运行统计监测中心有限责任公司

联系电话：010－63889001
传　　真：010－63889062
电子邮件：cmsmc@cmsmc.cn
网　　址：www.cmsmc.cn
地　　址：北京市西城区金融大街26号金阳大厦四层南区（100032）

全国中小企业股份转让系统有限责任公司

联系电话：010－63889512
受理电话：010－63889513
传　　真：010－63889514
网　　址：www.neeq.com.cn
地　　址：北京市西城区金融大街丁26号金阳大厦（100033）

中国证券业协会

联系电话：010－66575605
传　　真：010－66575989
电子邮件：icd@sac.net.cn
网　　址：www.sac.net.cn
地　　址：北京市西城区金融大街19号富凯大厦B座2层（100033）

中国期货业协会

联系电话：010 - 88087239
传　　真：010 - 88087060
电子邮件：cfa@ cfachina. org
网　　址：www. cfachina. org
地　　址：北京市西城区金融大街 33 号通泰大厦 C 座八层（100140）

中国证券投资基金业协会

联系电话：010 - 66578255
传　　真：010 - 66578256
电子邮件：shaoqm@ amac. org. cn
网　　址：www. amac. org. cn
地　　址：北京市西城区金融大街 20 号交通银行大厦 B 座 9 层（100033）

北京证券期货研究院

联系电话：010 - 58362248
传　　真：010 - 58362689
电子邮件：bisf@ csrc. gov. cn
地　　址：北京市西城区太平桥大街丰汇时代大厦东翼 15 层（100033）

中国上市公司协会

联系电话：010 - 88009600
传　　真：010 - 88009654
电子邮件：office@ capco. org. cn
网　　址：www. capco. org. cn
地　　址：北京市西城区平安里西大街 26 号新时代大厦 15—16 层（100034）

中国资本市场学院

联系电话：0755 - 88609078
传　　真：0755 - 88606722
电子邮件：ccmicy@ 163. com
地　　址：广东省深圳市福田区深南大道 4009 号投资大厦 13 楼（518048）

后　记

在《中国证券监督管理委员会年报》（2012）的编写过程中，我们得到了中国证监会领导的关心和指导，也得到了会内外有关单位的大力支持和配合，他们为我们提供了大量资料。在此，我们诚挚地感谢中国证监会会机关各部门及年报写作小组全体成员为年报如期付梓付出的辛苦努力；还要特别感谢年报领导小组的各位成员对有关内容提出了中肯的意见和建议。另外，中国财政经济出版社在年报的编辑、出版及发行过程中也为我们提供了大力支持。在此表示衷心感谢。

作为统稿者和译校人员，我们深知年报质量还有不断提高的余地。若对年报内容有何疑问、意见或建议，欢迎发送邮件至中国证监会国际合作部（intl@csrc.gov.cn），我们将及时予以反馈。感谢以下人员对年报编写工作做出的贡献：

年报编写领导小组：童道驰（组长）

赵争平　刘春旭　冯鹤年　郭旭东　王建军　陈华平　陆泽峰
赵立新　王　林　宋安平　谢世坤　欧阳健生　刘辅华　孙曙伟
贾文勤　高卫兵　季向宇　祁　斌　韩　萍　汤晓东　卢嘉红
杨　柳

年报写作小组（按姓氏笔画排序）：

王春玲　王　琨　冉　丽　乔　菲　刘　鑫　许国新　孙念瑞
杨明宇　杨胜平　吴卫华　吴运浩　何　媛　汪兰英　张亚专
张　达　张丽莎　张　涛　张望军　张朝辉　陆　婷　陈志勇
易雄军　岳新宇　庞魁霞　赵　然　赵　静　程　明　焦彩霞
舒　毅　蓝　翔　裴胜春

中国证监会国际合作部
2013年5月